아이에게
이야기를
들려주는 법

내 아이의 감수성과 문해력을
단 한 번에 잡을 수 있는 이야기 만들기

아이에게
이야기를
들려주는 법

실케 로즈 웨스트·조셉 새로시 지음
문주선 옮김

HOW TO TELL STORIES TO CHILDREN by Silke Rose West, Joseph Sarosy
Copyright©2019, 2021 by Joseph Sarosy and Silke Rose West
Illustrations ©2021 by Rebecca Green
All rights reserved.
This Korean edition was published by BADUGI HOUSE in 2025 by arrangement with HarperCollins Publishers LLC through KCC(Korea Copyright Center Inc.), Seoul.

이 책은 (주)한국저작권센터(KCC)를 통한 저작권자와의 독점계약으로 바둑이하우스에서 출간되었습니다.
저작권법에 의해 한국 내에서 보호를 받는 저작물이므로 무단전재와 복제를 금합니다.

『아이에게 이야기를 들려주는 법』에 쏟아진 찬사

이야기는 듣는 사람의 마음에 정보나 생각을 가장 깊이 새겨 넣는 최고의 방법입니다. 이 책은 이야기를 교육의 핵심 도구로 널리 퍼뜨리는 데 큰 도움이 될 것입니다.
— 제인 구달 박사 (제인 구달 연구소, UN 평화대사)

가장 멋진 이야기는 우리를 진심으로 아는 사람에게서 나옵니다. 만일 이야기하는 게 자신이 없다면, 이 책이 든든한 길잡이가 되어 줄 거예요.
— 스티브 비덜프 (『아이에게 행복을 주는 비결』, 『아들을 키우는 법』, 『딸을 키우는 법』 저자)

아이들이 자라기 전에 이 책을 읽었더라면 얼마나 좋았을까요. 이 단순한 통찰과 실천은 저를 더 나은 이야기꾼으로 만들어 줄 거예요.
— 찰스 아이젠스타인 (『우리의 마음이 알고 있는 더 아름다운 세계』 저자)

이 책은 단순한 '기술'에 대한 이야기가 아닙니다. 기교를 걷어 내고 이야기의 본질로 인도합니다. 아이에게 이야기를 들려준다는 건 관계를 맺고, 보듬고, 품어 안는 아주 자연스러운 일이에요. 실케와 조는 우리 모두가 지닌 풍요로운 인간 유산을 되찾아 줬고, 아이들과 이야기를 나누는 기쁨을 전해 줍니다.
— 조 헤이스 (이중 언어 이야기꾼, 『터키옥을 가득 담은 마음』 저자)

부모가 아이와 사랑으로 깊이 연결되는 데 꼭 필요한 지혜가 담긴 책입니다. 솔직히 아이를 교회에 데려가는 것보다 이 책이 훨씬 낫다고 말하고 싶군요.

— 리처드 로어 신부 (『행동과 묵상의 중심』 설립자, 《뉴욕타임스》 베스트셀러 작가)

이 책을 사랑하지 않을 수 없네요! 이야기는 우리가 서로 연결되고, 함께 나누는 기쁨을 느끼는 가장 좋은 길입니다.

— 멜라니 디모어 (아프리카계 미국인 민속 가수, 이야기꾼)

정말 훌륭한 책이에요! 세상을 이야기로 이해할 수 있게 하니까요. 약간의 상상력과 깊은 사랑만으로도 사랑하는 작은 존재의 세계를 바꿔 줄 수 있어요.

— 빌 매키번 (환경 운동가, 『우주의 오아시스 지구』 저자)

이 책은 조용히 감동을 주고 아이들과 보다 깊은 유대감을 형성할 수 있는 지침이 됩니다. 더불어 '나도 할 수 있겠구나!'라는 용기를 선물합니다.

— 킴 존 페인 (가족 상담가, 『내 아이를 망치는 과잉 육아』 저자)

40년 넘게 교사로 일하며 수많은 교사 연수를 해 왔지만, 이 책은 처음 보는 유형이에요.

— 사라 티스델 (교사, 교사 교육가)

이 책은 보석 같은 존재입니다. 실용적인 팁과 과학, 그리고 민속적 지혜까지 담아 누구나 자신의 내면에 있는 이야기꾼을 깨울 수 있게 돕습니다.

— 리베라 선 (『사이 길 The Way Between』 청소년 소설 저자)

관계가 메마르고, 일상 속 스트레스와 상처가 가득한 시대에 이야기는 모든 부모와 교사, 심리 상담사가 쉽게 활용할 수 있는 치유와 회복의 방법입니다. 실케와 조는 원초적 이야기, 전통 이야기, 그리고 그들이 경험을 통해 배운 지혜를 소중한 선물처럼 전합니다.

— 카라 안드레센 (아동 치료사, 임상 사회 복지사)

두 저자 모두 어린이 교육에 풍부한 경험을 지닌 선생님입니다. 이들은 일상의 작은 순간을 마법 같은 이야기로 바꾸는 방법을 우리에게 선물합니다.

— 미라바이 스타 (『절망 없는 캐러밴 Caravan of No Despair』, 『본능적 자비 Wild Mercy』 저자)

매 장마다 영감을 받았어요. 이야기의 끝은 알지 못해도, 그 순간을 믿게 되었죠.

— 제니 수 코스테키 쇼 (『나의 꿈꾸는 눈동자』 그림책 작가)

이 책은 설득하려 들지 않고 자연스럽게 중요한 메시지를 전합니다. 이야기란 아이들이 갈망하는 관심을 줄 수 있는 가장 좋은 방식이라는 것을요. 누구든지 이야기꾼이 될 수 있다는 사실을 따뜻하게 일깨워 주는 이 책은 독자들에게 자신감을 심어 줍니다. 간단한 이야기로도 아이들을 만족시킬 수 있다는 것을 잘 보여 주는 예시와 다양한 연습 과제는 우리에게 실질적인 도움과 영감을 동시에 줍니다.

— 커커스 리뷰 Kirkus Reviews

『아이에게 이야기를 들려주는 법』을
읽은 부모들의 이야기

저는 원래 이야기하는 걸 잘하는 편이었지만, 코로나로 격리 생활을 하면서 이야기 실력은 B 마이너스, 아이가 잘 때쯤엔 C 마이너스 정도로 떨어졌어요. 그런데 비행기 안에서 이 책을 읽고 나서 아이들을 만났을 때, 새로운 에너지로 이야기를 들려줄 수 있었죠. 그 뒤로 5주가 지났는데, 아이들은 하루에 두 편씩 이야기해 달라며 졸라요. 우리 가족이 가장 좋아하는 이야기는 '말하는 달팽이'예요. 푸르게 빛나는 달팽이가 매번 이야기 하나에 질문 하나를 답해 주지요. 지금까지 아이들이 이 달팽이에게 물어본 질문은 '스파게티는 왜 이렇게 맛있어?'에서부터 '방귀는 왜 냄새가 나?'까지 다양하답니다.

— 린우드, 아스펜(8세)과 스카이(6세)의 아빠

육아에 지친 양육자들을 향한 상업적인 정보들 속에서 이 책은 정말 신선한 가르침이에요. 제 아이에게 직접 이야기를 들려주는 사람이 될 수 있게 영감을 줘서 고마워요.

— 멜라니, 레오(4세)의 엄마

워크숍을 다녀온 후 아들에게 '우리 서로 이야기를 지어 보는 거 어때?'라고 제안했어요. 아들은 무척 신나 했고, 벌써 여러 편의 이야기를 함께 만들어 냈어요. 대부분은 마법이나 용, 기사 같은 소재들이고요. 일상에 마법을 불어넣자는 이 책의 생각이 아들에게 얼마나 강렬한 울림을 주는지 새삼 느끼고 있어요.

— 리즈, 어거스트(8세)의 엄마

이 책 덕분에 아이들을 더 잘 이해할 수 있게 됐어요. 저는 대체 교사로 일하면서 시각 장애 아동에게 이동 교육도 하고 있는데, 책에 나온 조언들을 따라 실천하자 수업 분위기가 훨씬 좋아졌지요. 작은 실수에도 덜 신경 쓰게 되었고, 아이들과 나 사이의 관계에 더 집중하게 되었어요. 이 변화는 저의 십 대 자녀들과의 관계에서도 효과가 있었답니다.

— 미란다, 소피아(18세)와 줄리 앤(17세)의 엄마

몇 달 전 이 책을 읽고 세 살 난 아들과 이야기를 나누기 시작했어요. 그런데 오늘 점심시간에 너무 귀여운 일이 벌어졌답니다. 아들이 저한테 이야기를 들려준 거예요! 제가 쓰던 표현들, '그러던 어느 날……' 이라든가 '그리고 나서 말이지……' 등을 그대로 따라 하더라고요. 저도 모르게 웃음이 나왔죠. 이 책이 우리 삶에 이야기라는 선물을 가져다주었어요. 진심으로 고맙습니다.

— 하이디, 콜트(3세)의 엄마

이야기를 이렇게 쉽고 즉흥적으로 할 수 있을 줄은 몰랐어요! 덕분에 이야기 만들기에 자신감이 생겼어요.

— 브록, 프란시스(6세)의 아빠

아이들에게 이야기를 들려주고 싶다는 마음은 있었지만 제 창의력이 부족하다고 느꼈는데요, 이 책은 그런 심리적 부담을 덜어 주었어요. 이제는 아이들이 매일 이야기를 부탁해요. 자기들끼리 이야기를 만들어 내기도 하고요. 덕분에 우리 가족이 더 돈독해졌어요. 실케와 조, 정말 감사해요.

— 크리스틴, 클로이(7세)와 캐롤라인(4세)의 엄마

"보이지 않는 힘에 대한 비현실적인 믿음은
적당히 현실적인 믿음보다
행동으로 발현될 가능성이 훨씬 크다."

―**브라이언 보이드**, 『이야기의 기원』 중에서

지구의 어린이들에게.

──── 차례 ────

서문		15
Part 1	이야기 고리	37
Part 2	나답게 이야기하기	61
Part 3	단순하게 이야기하기	77
Part 4	이야기의 리듬 만들기	93
Part 5	이야기의 기본 요소들	109
Part 6	마음을 달래는 이야기	137
Part 7	삶을 가르치는 이야기	153
Part 8	가족 모두를 위한 이야기	177
Part 9	끝맺음의 기술	199
작가의 말		223
감사의 말		225
참고 문헌		227

서문

아이들은 우리 안의 이야기꾼을 불러 냅니다. 그 시작은 아이가 태어나기도 전, 아직 보이지도 않고 만져지지도 않는 신비로운 존재에게 말을 건네기 시작할 때부터입니다. 우리는 조금씩 배 속의 아기에게 세상을 소개하고, 부드러운 말의 물결로 감싸 안아 언어의 뿌리를 내려 줍니다. 우리의 목소리는 아기에게 삶의 방향을 알려 주고, 안전하다는 사실을 전달합니다. 이것이 바로 아이가 처음 듣는 이야기입니다. 곧 아이가 집 안 구석구석을 탐험하게 되면, 우리가 건네는 설명 하나하나가 작은 이야기들로 바뀌어 낡고 평범한 모든 것들을 새로운 빛으로 반짝이게 하지요.

우리는 아이가 "이야기해 주세요."라고 말할 때, 그것은 단순히 줄거리 있는 이야기를 원한다는 뜻이 아니라는 걸 깨닫게 됩니다. 그 말은 "내게 관심을 가져 주세요."라는 확고한 요청이라는 걸요. 따라서 결코 가벼운 부탁으로 흘려 넘길 수는 없습니다. 아이의 신뢰는 아주 소중한 선물이에요. 그 말 속에 담긴 진짜 의미인 '나는 당신과 연결되고 싶어요!'를 알아차린 순간, 우리는 마음을 활짝 열고 그것을 하나의 기회로 받아들입니다. 그렇게 흘러나오는 이야기들이 때로는 너무도 단순하지만, 동시에 깊고 친밀해서 평생 기억에 남을 만큼 강렬한 인상을 남깁니다.

하지만 우리는 가끔 지쳐 있습니다. 하루 종일 바쁘게 일했고, 배우자와 힘든 대화를 나누었으며, 점심은 에너지 바 하나와 커피 한 잔으로 때웠거든요. 그런 상황에서 이야기해 달라는 아이의 말은 더 이상 즐거운 제안이 아닙니다. 되레 남은 에너지와 창의력을 소진시키는 또 하나의 요구처럼 느껴지기도 합니다.

한편으로는 이야기 자체가 버겁고 부담스럽게 느껴질 때도 있어요. 우리 주변에는 디즈니나 마블, J.K.롤링 같은 이야기의 거장들이 있잖아요. 그리고 생각하죠. '내가 감히 이들과 경쟁할 수 있을까? 아니, 경쟁해야 할까?' 그냥 전문가들에게 맡겨 버리는 게 더 쉬워 보이기도 합니다.

그런 생각도 일견 타당해 보일 수 있습니다. 이야기가 단순히 이야기 자체에 관한 것이라면 말이지요. 하지만 연구 결과가 말해 주듯이(그리고 직접 경험해 보면 알게 되듯이) 이야기를 한다는 것은 이야기하는 사람(스토리텔러)과 듣는 사람(리스너)의 관계, 즉 여러분과 아이 사이의 관계와 훨씬 더 깊은 관련이 있습니다. 이런 관점으로 접근하면 이야기를 들려주는 일은 훨씬 쉽고, 더 즐거워지며, 아이와 나누는 사랑과 친밀감을 표현하는 수단이 됩니다.

부모님이나 조부모님, 혹은 사랑을 가득 담아 어린 시절을 보살펴 준 선생님이 들려주던 이야기를 혹시 기억하고 있나요? 대부분의 사람들은 그런 순간들을 따뜻한 추억으로 떠올립니다. 이야기 속 주인공이나 줄거리의 일부를 기억하고 있을 수도 있지만, 그 순간의 느낌을 더 또렷이 기억할 가능성이 큽니다. 자신이 돌봄을 받고 있다는 느낌, 이 따뜻한 어른의 관심과 사랑을 충분히 받을 자격이 있다는 느낌 말이지요.

맞아요, 이 책이 말하고자 하는 바는 바로 그 '온기'예요. 영화화 계약으로 이어질 만한 블록버스터 이야기를 쓰자는 것이 아니라 아이와의 관계를 친밀하게 만들어 주는 작고 단순한 이야기, 그런 이야기를 함께 나누며 평생 기억에 남을 순간을 만들어 가자는 것입니다. 우리는 이야기를 객관적으로 입증한 연구 결과와 지난 30년 넘게 효과적으로 써 온 간단한 방법을 나누고자 합니다. 사실 이야기는 30년보다 훨씬 오래, 어쩌면 6만 년 전부터 존재해 온 거예요. 그저 우리는 그것을 이해하기 쉬운 말로 풀어 놓았을 뿐이고요. 각 장 마지막에 나오는 이야기 만들기와 예시 이야기가 이 방법에 생명력을 불어넣어 줄 것입니다. 더불어 이 책을 다 읽고 나면 이전보다 훨씬 더 자신감을 갖게 될 거라 믿습니다. 이야기는 인간이라면 누구나 이미 잘하고 있는 일이니까요. 단지 그걸 아직 잘 모르고 있을 뿐입니다.

아이에게 이야기를 들려준 적이 있는 사람이라면 누구나 하나의 사실을 깨닫게 됩니다. 이야기가 끝나고 나면 단순히 좋은 이야기를 하나 얻는 데 그치지 않고 두 사람 사이가 더 가까워졌다는 걸 말이에요. 의사들은 이를 '애착'이라 부르며, 육아를 하는 데에 무엇보다 아주 중요한 개념으로 인식합니다. 하지만 애착이 한편으론 다루기 까다로운 개념이기도 해요. 《사이콜로지 투데이˙》에 따르면 미국 아이들의 40퍼센트는 부모와 건강한 애착을 맺지 못하고 있으며, 이런 아이들은 성인이 되어 건강한 관계를 형성하는 데 어려움을 겪을 가능성이 높다고 합니다. 애착이론의 핵심 원리는 간단합니다. 어린 시절, 양육자와의 유대 관계가 건강할수록 다른 사람들과의 관계 또한 건강하게 맺을 수 있다는 것이지요. 사회적 존재인 인간에게 건강한 관계는 학업과 직업에서의 성공, 정신 건강, 긍정적인 자아 존중감 등 삶의 여러 영역에서 좋은 결과를 낳습니다.

반면, 어린 시절에 건강한 애착을 맺지 못한 아이들은 성인이 되어 불안정한 관계를 반복해서 맺기 쉬워요. 학교생활이나 직장 생활 속에서 불안, 분노, 회피 같은 다양한 행동 문제로 어려

- 심리학과 정신 건강 관련 정보를 다루는 미국의 대표적인 대중 심리 매거진이자 전문가 디렉토리 플랫폼.

"이야기해 주세요."라고
아이가 말했다면,
그건 줄거리 있는 이야기를
듣고 싶다는 뜻이 아니에요.
그건 바로 당신의 '관심'을 받고
싶다는 표현이에요.

움을 겪을 수도 있습니다. 하지만 애착을 사랑과 동일시해서는 안 됩니다. 부모가 아이를 사랑하면서도 건강한 애착을 형성하지 못하는 일은 비일비재하니까요. 요즘에는 특히 더요. 그도 그럴 것이 아이들은 스크린 화면을 바라보는 시간이 점점 길어지고, 부모와 아이 모두 쉼 없이 돌아가는 일정이 당연해졌기 때문이에요. 우리도 그 점은 잘 알고 있습니다. 우리 역시 늘 바쁘게 살아가거든요. 그래서 우리는 부모가 아이와 얼굴을 맞대고 진정으로 연결될 수 있도록 돕고자 합니다.

아주 오래전부터 전해 내려오는 이야기는 그 효과가 입증된 방식입니다. 현대 과학은 그것이 왜 그토록 효과적인지에 대해 흥미로운 통찰을 제시해 주었어요. 그 모든 설명 중에서도 가장 눈에 띄는 건 이야기를 들려주는 것에는 돈이 들지 않는다는 점이고요.

이야기는 완전히 자연스러운 행위입니다. 각 가족의 종교적, 사회적, 문화적 가치에 개의치 않아요. 심지어 누군가가 그 방법을 가르쳐 줄 필요도 없습니다. 걷는 법을 따로 배우지 않아도 걷게 되는 것처럼 이야기는 우리 안에서 저절로 흘러나옵니다.

이야기는 인간이라는 존재의 깊은 본능에 뿌리내린 것입니다. 인류학자들은 수십 년에 걸쳐 이야기를 연구해 왔고, 그들은 최고의 이야기꾼들이 종종 공동체 내에서 중요한 사회적 위치를 차지한다는 사실을 발견했습니다. 오늘날의 세계를 둘러보아도 비슷한 양상이 보입니다. 현대의 이야기들은 영화나 책, 음악, 비디오 게임 같은 매체를 통해 전해집니다. 그것은 거대한 산업이 되었고, 이야기를 만들어 내는 작가들은 우리 시대의 가장 유명한 인물로 자리매김했습니다.

이야기는 여전히 가족 안에서만 가능한 특별한 자리를 지니고 있습니다. 단순한 애착 형성을 넘어 양육자에게는 마치 만능 칼처럼 다양한 기능을 수행하는 도구가 됩니다. 이야기는 아이가 새로운 기술을 익히고, 공감 능력을 기르며, 복잡한 감정을 달래고, 인생의 어려운 순간들을 스스로 이해해 나가도록 도와줍니다. 남의 이야기를 들려주는 것과 자신의 이야기를 들려주는 것 사이에도 아주 큰 차이가 존재하고요.

그 차이는 마치 캔에 든 토마토소스와 집에서 직접 만든 마리나라 소스의 차이와도 같다고 할 수 있습니다. 숙련된 이야기꾼은 아이의 주변에서 일어나는 사건이나 사물 들을 마치 텃밭에서 갓 딴 토마토와 허브처럼 이야깃거리로 끌어와서 아이만을

지금 손에 들고 있는 책은 누군가의 이야기를 모아 놓은 책이 아닙니다. 바로 우리 자신의 이야기를 만들어 갈 수 있도록 돕는 책이에요.

• 토마토와 마늘, 향신료로 만든 이탈리아 소스.

위한 이야기로 만들어 냅니다. 그 이야기는 단지 재미있을 뿐 아니라 그 아이를 위한 맞춤형 이야기이며, 깊고 진한 맛을 지닌 살아 숨 쉬는 이야기입니다.

이 책에서는 그렇게 직관적으로 이야기를 만들 수 있도록 도와주는 핵심 재료들을 정리하여 소개합니다. 여러분이 아이와 함께 살아가는 일상 속의 구체적인 맥락에서 이야기를 즉흥적으로 만들어 낼 수 있도록 이끌어 주고요. 우리는 수백 시간, 어쩌면 수천 시간에 이르는 이야기 시간을 가진 부모이자 교사일 뿐이에요. 따라서 우리가 들려준 이야기를 어떻게 전할지에 대해 이 책을 쓴 건 아닙니다. 이 책은 다른 누구의 이야기도 아닌, 오직 우리 자신의 이야기를 어떻게 전할 것인가에 대한 책입니다.

이야기의 본질은 결국 '관계'에 있습니다. 우리는 이야기가 아이의 하루를 환히 밝혀 주고, 삶의 중요한 교훈을 전하고, 아이의 신뢰를 얻고, 심지어 사랑하는 이를 떠나 보낼 때에도 큰 힘이 되는 것을 보아 왔습니다. 만약 우리가 그런 순간들을 가능하게 만든 것이 이야기 자체라고 믿었다면, 그 이야기들을 모아 종이에 인쇄하여 배포했을 거예요. 하지만 우리는 모든 좋은 이야기는 모름지기 이야기하는 사람과 듣는 사람 사이에 존재하는 사랑과 신뢰의 공간 안에서 뿌리내리고 자라났다고 믿습니다. 그런 이야기들은 아주 조용하고, 때로는 비밀스럽게 귀를 기울일 준비가 된 사람에게 다가왔습니다. 그렇기에 우리는 아이에게 가장 좋은 이야기꾼이 될 수 있었습니다.

실케는 30년 넘게 발도르프˙ 유치원 선생님으로 일해 왔습니다. 그는 1995년에 미국 뉴멕시코주에서 '타오스 발도르프 스쿨'을 공동 설립했고, 현재는 '타오스 어스 칠드런'이라는 독립적인 숲속 유치원을 운영하고 있습니다. 타오스 지역에서 실케는 인형극과 이야기꾼으로 유명합니다. 또한 전국의 선생님들과 학교를 대상으로 하는 이야기 강연에도 나가고요. 조는 실케와 함께 타오스 어스 칠드런에서 2년간 일했고, 2018년에는 실케의 유치원과 긴밀하게 협력하는 1, 2학년을 위한 독립 교실을 따로 열었습니다. 그는 〈파덜리 Fatherly˙˙〉의 프리랜서 작가이자, 미국 전역의 훌륭한 아버지들을 조명하는 #GreatDad 캠페인의 창립자이기도 합니다.

우리 둘에게 이야기는 하루 중의 가장 중요한 일과입니다. 이야기는 우리가 아이들을 가르치는 방식이자 함께 즐거움을 나누는 방법이지요. 우리는 대부분의 시간을 교실 밖에서 보내면서 뉴멕시코 북부의 숲과 협곡의 자연에서 지냅니다. 따라서 우리

- ˙ 919년 루돌프 슈타이너 Rudolf Steiner가 창안한 전인 교육 방식으로, 예술, 놀이, 자연 체험을 중시하며 아동의 발달 단계에 맞춘 교육을 지향한다. 유럽과 미국을 비롯한 세계 여러 나라에서 실천되고 있다.
- ˙˙ 아버지를 위한 육아·가족 정보를 다루는 미국의 디지털 미디어 플랫폼.

이야기의 주제는 대체로 그날 발견한 동식물이나 곧 다가올 명절, 혹은 아이들과 함께 만든 공예 작품이지요. 이야기 속 등장인물들은 아이들이 실제로 겪은 상황들과 마주하고, 이야기를 통해 교실 안팎에서 일어나는 까다로운 문제나 이상 행동에 대한 해결 방안도 제안합니다. 그리고 이야기가 끝날 무렵, 아이들은 종종 "지금까지 들은 이야기 중 최고였어요!" 같은 말을 외쳐 줍니다.

솔직히 우리가 다른 부모님보다 이야기 만들기에 재능이 있다는 건 인정할게요. 다만 재능보다 훨씬 더 중요한 것은 아이들과 함께 쌓아온 감정적 유대와 함께 공유한 경험, 그리고 아이들이 일상 중에 직접 보고 만지는 사건과 사물 들로 이야기를 만들어 낸다는 점입니다. 이런 관점에서 이야기를 바라볼 때, 우리의 목표는 세상에서 가장 흥미로운 이야기를 창조하는 것이 아닙니다. 아이가 공감하고 관계를 맺을 수 있는 단순한 일상의 이야기, 아이와 양육자(혹은 교육자) 사이의 친밀감과 신뢰를 키워 주는 이야기입니다.

오늘날 서점에는 수많은 동화책들이 나와 있고, 그중에는 이야기에 대한 배경 설명이나 방법을 소개하는 책들도 있습니다. 물론 각각의 책이 전하는 메시지는 훌륭하지만, 대부분은 누군가가 만들어 낸 이야기를 기억하거나 반복해서 들려주는 방식에

중점을 두고 있습니다. 하지만 이 책은 이미 나와 있는 이야기를 소개하지 않습니다. 여러분이 펼친 이 책은 이야기를 모아 놓은 책이 아니라 여러분이 스스로 이야기를 만들어 내도록 돕는 방법을 담은 책이니까요.

우리가 매일 다양한 방식으로 활용하고 있는 이 방법은 매우 간단합니다. 기본적으로는 전문가의 조언과 학문적 연구에서 나온 통찰에 기반합니다. 그러나 이 방법을 실천하는 데 필요한 유일한 자질은 바로 아이들과의 감정적 연결이며, 그것은 여러분이 누구보다 잘 해낼 수 있는 일입니다. 작가 마리 셰들록은 『스토리텔러의 기술 The Art of the Storyteller』의 서문에서 "언젠가 학교에서 이야기들은 오직 특별한 훈련과 준비를 거친 전문가들에 의해서만 들려지길 바란다."고 말합니다. 그녀는 분명 선의로 한 말일 테지만, 이 책은 그녀의 이론을 정면으로 반박합니다. 인간은 누구나 훌륭한 이야기꾼이며, 아무리 재미있는 이야기를 전문 구연자가 들려준다 한들 주의 깊고 사랑으로 가득한 양육자가 아이의 삶 속에서 직접 빚어 낸 이야기의 친밀함을 대신할 수는 없습니다. 우리가 주장하는 이야기는 창작을 위한 이야기가 아니라 관계에 관한 것이기 때문입니다.

우리가 이 책에서 소개하는 직관적 이야기 방법은 아주 단순한 구조를 바탕으로 합니다. 그것은 아이의 일상 환경 속 물건이나 활동에서 출발합니다. 때로는 아이들 사이의 갈등을 다람쥐들 간의 다툼으로 재구성하는 것처럼 복잡해질 수도 있습니다. 하지만 대부분은 아이의 맨발을 보고 "신발 끈이 개울가로 산책을 떠났대."라는 식으로 아주 단순하게 시작합니다. 이런 이야기들은 아이들을 웃게 만들고, 생각하게 하며, 그 이야기 안에 자신이 있다고 느끼게 합니다. 그도 그럴 것이 이야기 속 등장인물이나 사건이 바로 자기 삶에서 본 것들이라 아이는 자신이 '보여지고 있다'고 느낄 거거든요.

물론 그것이 전부는 아닙니다. 이런 직관적인 이야기들은 아이의 환경에서 탄생하니만큼 종종 놀이로 이어질 가능성도 있어요. 놀이는 아주 아름다운 이야기 고리를 형성한답니다. 예를 들어 맨발의 아이가 신발 끈이 모험을 떠났다는 이야기를 들었다면, 신발을 다시 찾는 순간 무엇을 하게 될지는 어렵지 않게 상상할 수 있어요. 이러한 과정은 1장 '이야기 고리'에서 더 자세히 설명할게요.

이 책의 각 장은 우리가 활용해 온 이야기하기 방식의 핵심 요소들을 설명합니다. 각 장은 독립적으로 구성되어 있어 순서대로 읽지 않고 필요한 장을 먼저 읽어도 무방합니다. 각 장은 10분 이내에 읽을 수 있을 정도로 짧고, 장마다 제시한 원칙을 활용한 '이야기 만들기'가 뒤따릅니다. 책 전체를 단숨에 쭉 읽는 것도 어렵지 않아요. 다만 한 장을 읽고 아이와 이야기를 나눠 본 다음, 며칠 후 또 한 장을 읽는 식으로 접근해 보는 건 어떨까요? 우리는 여러분이 이 책을 곁에 두고 각 장마다 나온 방식을 다각적으로 활용해 주길 바라니까요. 각 장에는 이야기를 시작할 수 있도록 돕는 실전 연습도 포함되어 있습니다. 좋은 이야기란 완벽을 목표로 하는 것이 아니라 연습을 통해 익숙해지는 과정입니다. 그러니 서두를 필요는 없습니다.

좋은 이야기를 들려주는 데 완벽함은 필요하지 않습니다. 필요한 건, 연습이에요.

우리는 매일 이 책에 나온 방법을 쓰고 있으며, 여러 해에 걸쳐 다양한 환경에서 그 효과를 확인해 왔습니다. 우리의 방법은 유연하고 쉽게 익힐 수 있으며, 특히 처음 시작하는 이들에게 유용한 틀을 제공해 줍니다. 하지만 이야기꾼 두 사람이 같을 수 없듯, 우리가 만들어 내는 이야기도 똑같을 수는 없습니다. 좋은 이야기들은 산맥의 봉우리들처럼 다양하고, 그 사이에는 수많은 골짜기와 개울이 흐릅니다. 그러니 여러분도 여러분만의 자리를 찾고, 여러분만의 목소리를 발견하세요. 조언을 따르기보다 이미 여러분 안에 살아 있는 이야기를 따라가는 것이 진짜 이야기를 만드는 길입니다.

이 책에서 꼭 기억했으면 하는 메시지가 바로 이것입니다.

'여러분은 이미 훌륭한 이야기꾼입니다.'

그것은 인간이라는 존재를 이루는 본성 중의 하나이며, 머리카락이나 엄지손가락처럼 타고나는 것입니다. 그러니 이야기의 마리나라 소스를 직접 만들어 보세요. 처음에는 생소한 요리법을 시도하는 게 어려울 수 있지만, 경험이 쌓이다 보면 시판 제품보다 훨씬 맛있는 걸 만들 수 있을 거예요. 그리고 자기만의 맛을 익히고 나면, 요리책은 그만 던져 버려도 됩니다. 여러분과 아이를 지금껏 상상하지 못했던 그 너머까지 이끌어 줄 테니까요.

이야기를 들려주는 건
우리가 이미 잘하고 있는 일입니다.
단지 아직 그 사실을
모를 뿐일지도 몰라요.

이야기의 과학

과학자들은 오랫동안 이야기에 관한 사실을 하나하나 차례로 밝혀 왔습니다. 이야기는 정보를 기억하게 하고, 주의를 집중시키며, 공감을 기르고, 인생의 어려운 순간을 헤쳐 나갈 힘을 줍니다. 하지만 최근에는 몇몇 사람들이 이런 질문을 던지기 시작했습니다.

지금까지 전례가 없는 인간만의 예술, 픽션 예술도 진화로 설명할 수 있을까? 이 필연성의 세계에서, 화자나 청자나 지금까지 있었던 적이 없고, 앞으로도 없으리라는 것을 잘 아는 이야기를 읽느라 우리가 많은 시간을 보내는 이유를 진화로 설명할 수 있을까?

이것은 진화 이론가 브라이언 보이드가 그의 저서 『이야기의 기원』에서 던진 서두의 질문입니다. 진화학자 데이비드 슬론 윌슨도 자신의 저서 『다윈의 성당 Darwin's Cathedral•』에서 비슷한 문제를 제기했습니다. 그는 미국 빙햄턴 대학교의 생물학 및 인류

- 종교를 진화 이론의 관점에서 해석한 저서로, 종교가 집단 생존에 유리한 적응 전략일 수 있다는 주장을 담고 있다.

학 교수로, 최근에는 미국 국립 과학 재단의 지원을 받아 진화 연구 프로그램을 전국 규모의 연합체로 확대하기도 했습니다. 그는 문화적 이야기들(그가 주로 다루는 종교적 이야기들)이 그것을 듣는 사람들을 하나의 집단으로 결속시키고, 그들에게 진화적 이점을 줄 수 있는지에 대해 늘 궁금했습니다.

이 질문들이 다루는 범위는 이 책이 담고 있는 내용보다 훨씬 포괄적이고 학술적이라 일일이 설명하지는 않을게요. 우리는 어디까지나 유치원 교사일 뿐이니까요. 다만 인지 과학자와 신경 과학자, 진화 이론가 사이에서 이야기라는 행위가 얼마나 중요한 화두로 떠오르고 깊이 있게 밝혀 나가고 있는 정도는 알려 둘게요. 그리고 우리가 그 세계로 향하는 작은 창문 하나쯤 열어 보는 것도 의미 있다고 생각합니다.

인간은 매우 사회적인 종입니다. 어떤 학자들은 우리를 '초사회적 생명체super-social species•'라고도 부르지요. 인간이 지금처럼 성공적인 종으로 남아 개인으로서도 잘 살아남을 수 있었던 건 상당 부분 우리가 서로 협력하고 경쟁할 수 있었기 때문입니다. 가족과 집단, 이웃 사이에서 협력과 경쟁 사이를 아슬아슬하게

• 개체 간의 협력과 역할 분담이 고도로 조직화된 사회를 이루며 살아가는 생명체를 뜻한다. 개미, 벌, 흰개미 등이 대표적인 예로, 개체들은 생존과 번식을 위한 기능을 집단 전체에 맡기고 자신은 일정한 역할만 수행한다.

넘나드는 이 얇은 경계는 타인의 의도를 읽어 가며 때로는 자신의 의도를 드러내거나 감추는 등의 놀라운 기능을 진화시켜 왔습니다.

그중 대표적인 것이 바로 이야기하기입니다. 우리는 이야기를 통해 무슨 일이 있었는지, 어떤 일을 바랐는지, 지금 무엇을 하고 싶은지를 서로에게 전달합니다. 미국 스탠퍼드 대학교 경영대학원의 마케팅 교수 제니퍼 에이커는 사람들은 단순한 사실만을 들을 때보다 그것이 이야기 속에 담겨 있을 때, 최대 22배 더 잘 기억한다고 말합니다. 이야기는 우리가 누군가를 속이거나 거짓을 꾸밀 때 사용하는 주요 수단이기도 합니다. 네 살 아이 대부분은 곤란한 상황에 처하면 즉흥적으로 이야기를 꾸며내지요. 이는 어른들도 크게 다르지 않지요. 공공장소에서 이루어지는 대화의 약 65퍼센트가 사실상 가십이라는 연구 결과도 있으니까요.

그러나 이야기는 진실을 전달하거나 거짓을 숨기는 데 그치지 않습니다. 아니, 그 이상입니다. 이야기는 10억 달러의 흥행을 기록한 영화들, 베스트셀러 책들, 3만 년 전 동굴 벽화가 증명하듯 인간에게 가장 몰입감을 주는 행위 중 하나입니다. 우리는 이야기 하나를 듣기 위해 기꺼이 돈을 지불합니다. 그 이야기 속의 사건은 실제로 일어나지 않았고, 앞으로도 일어날 일이 아니라는 걸 분명히 알면서도 말입니다. 왜일까요?

진실 여부를 넘어 인간은 이야기를 통해 주의를 끌고, 행동과 감정을 예측하며, 신뢰를 쌓습니다. 이야기는 사회 집단 내에서, 특히 부모와 자녀 사이에서 가치와 의미를 전승하는 가장 핵심적인 방식입니다. 《애틀랜틱》지*의 한 기사에서는 '이야기는 인간이 세상을 통제할 수 있다고 느끼게 하는 방식일 수 있다. 혼란 속에서 질서를 찾게 해 주고, 존재론적 문제를 해결하기 위한 한 방식이다.'라고 보도했습니다.

이제 우리는 왜 데이비드 슬로언 윌슨이 문화적·종교적 이야기들이 공동체 구성원들 간의 협력은 인류 생존에 있어 언제나 핵심적인 요소이자 듣는 이들에게 진화적 이점을 줄 수 있다고 말했는지를 이해할 수도 있을 것 같습니다. 그는 불완전한 이웃을 사랑하고 섬기는 것보다 완벽한 신을 사랑하고 섬기는 것이 훨씬 더 강력한 동기 부여가 된다고 주장했어요. 다시 말해 복잡한 현실적 믿음 체계보다 이해하기 쉽고 적응적인 행동을 이끌어 내는 허구적 신념 체계가 훨씬 더 강력하다는 것입니다. 물론 그는 종교적 믿음이 허구라고 말하는 것이 아닙니다. 단지 진실 여부와 관계없이, 종교는 이야기를 통해 사람들의 행동을 깊이

* 미국의 대표적인 시사·문화 잡지.

움직이게 만든다는 점을 강조하고 있을 뿐입니다.

　대부분의 양육자들은 이를 일상 속에서 목격합니다. 아이들이 최근에 읽거나 들은 이야기, 이를 테면 「해리 포터」 시리즈나 디즈니 영화 같은 것을 따라 말하고 행동하는 것처럼요. 어른들 역시 좋아하는 영화의 대사를 반복하고, 종종 그 캐릭터들의 말투나 태도까지 흉내 냅니다. 이야기는 단순히 문화를 넘겨주는 방식이 아니라 '살아가는 방식' 자체를 전합니다. 말투, 태도, 기세, 가족사 같은 것들이 이야기 속에 녹아 전달됩니다. npr.org• 의 엘레나 렌켄은 "누군가의 이야기를 들을 때, 리스너의 뇌파는 스토리텔러의 뇌파와 실제로 동기화되기 시작합니다."고 말합니다. 랜켄의 이 말은 프린스턴 대학의 심리학자이자 신경 과학자인 유리 하슨의 연구를 인용한 것으로, 그의 TED•• 강연을 통해 보다 자세한 내용을 확인할 수 있습니다.

　이야기는 신체 접촉과 함께 가장 깊은 신뢰와 친밀감을 만들어 주는 수단 중 하나입니다. 자주 이야기를 나누는 사람들끼리는 특별하고 끈끈한 유대감이 생기는 경우가 많습니다. 《사이콜

• 미국 공영 라디오 방송으로, 뉴스와 문화 관련 콘텐츠를 제공하는 비영리 언론 매체.
•• Ideas worth spreading(널리 퍼져야 할 아이디어)'를 모토로 다양한 분야의 전문가들이 지식과 통찰을 나누는 강연 프로그램이다. 1984년 미국에서 시작되었으며, 기술Technology, 오락Entertainment, 디자인Design 분야에서 출발해 현재는 과학, 교육, 예술, 인문 등 전 영역으로 확장되었다.

로지 투데이[*]》는 행복한 아이를 키우고 싶은 부모들에게 낭독을 가장 먼저 추천합니다. 이야기를 통해 전달되는 내용이 무엇이든, 우리가 진정으로 갈망하는 건 감정적 친밀감입니다. 이야기를 나누는 행위는 다른 어떤 방식보다도 더 깊은 친밀감을 형성합니다.

조너선 갓설은 『스토리텔링 애니멀 The Storytelling Animal: 인간은 왜 그토록 이야기에 빠져 드는가』에서 '소설은 당신을 더 공감 능력 있는 사람으로 만들고, 인생의 문제를 보다 현명하게 헤쳐 나갈 수 있게 해 준다.'고 말합니다. 이야기는 일종의 삶을 위한 리허설인 셈이라고요. 또한 그는 UCLA의 거울 신경 세포[**] 연구자 마르코 이아코보니의 말을 인용하여 '우리는 허구 속 인물에게 공감합니다. 왜냐하면 그들이 느끼는 감정을 우리도 실제로 경험하기 때문입니다. 이야기는 진화적 실수가 아니라, 오히려 우리에게 유익한 본능입니다.'라는 결론을 내놓았습니다.

✳

이야기는 친밀함과 신뢰를 만들어 주는 가장 강력한 도구 중 하나입니다.

---

[*] 심리학과 정신 건강 전반을 다루는 미국의 대중 심리 전문 매거진.
[**] 다른 사람의 행동이나 감정을 보았을 때, 마치 자신이 그 행동을 하거나 그 감정을 느끼는 것처럼 뇌에서 함께 활성화되는 신경 세포. 공감, 모방, 사회적 학습의 기초가 되는 신경 구조로 알려져 있다.

이 책이 이야기꾼으로서의 본능을 되찾는데 자극제가 되길 바랍니다. 그것은 인간으로서 태어난 우리 모두의 권리이기도 하니까요. 이 책에 등장하는 학술적 용어들은 몰라도 상관없습니다.

우리는 이미 하루 종일 이야기하고 있습니다. 자기 자신에게, 직장의 동료들에게, 그리고 친구들과의 모임 속에서 끊임없이 이야기를 주고받아요. 갓설은 이를 빗대어 "물고기에게 물이 그러하듯, 인간에게는 이야기가 그렇다."고 말했어요. 다시 말해 우리는 이야기를 하는 데에 필요한 도구들을 이미 지니고 있다는 거예요. 이제는 여러분이 이야기를 품은 역사를 안고 살아오면서 수백만 명의 양육자와 돌봄 제공자들이 걸어온 길을 되짚어 연습을 거듭하는 사이에 자신이 놀라울 만큼 뛰어난 이야기꾼이었음을 알아차릴 차례입니다. 이야기를 통해 자연스럽게 생겨나는 감정적 유대는, 양육자와 아이 모두에게 오래도록 남을 선물이 될 것이라 확신합니다.

PART 1

이야기 고리

　　　　　　　　　　세상에 존재하는 사람의 수만 큼 이야기를 전하는 방식도 제각각입니다. 이 책에서 소개하는 방법은 '**직관적으로 이야기하기**intuitive storytelling'라고 부르는 것으로, 별다른 준비 없이 그 자리에서 이야기를 지어내는 방식이지요. 처음에는 전래 동화를 외워서 들려주는 것보다 더 어렵게 느껴질 수도 있지만, '**이야기 고리**storytelling loop'라는 기본 구조를 이해하면 이야기가 숨을 쉬는 것만큼이나 자연스럽게 흘러나온다는 걸 알게 될 거예요. 굳이 생각하지 않아도 저절로 이야기할 수 있게 되는 것이지요.

　　이 방법이 매력적인 이유는 자신과 가족의 가치관을 함께 공유하고 다양한 방식으로 표현할 수 있다는 점입니다. 이야기의

'내용'보다 '과정'에 초점을 두기 때문에 누구에게나 잘 맞는 방식이지요. 그리고 이렇게 다채로운 표현은 아이들이 자라며 삶의 다양한 도전적인 순간을 마주할 때마다 큰 힘이 되어 줍니다.

방법은 이렇습니다. 나뭇가지와 풀로 요정 배를 만들어도 좋고, 국수나 컴퓨터 부품, 오래된 카펫 조각 같은 것으로 만들어도 괜찮습니다. 재료는 아무래도 상관없습니다. 그저 아이들이 그것을 가지고 놀게 해 보세요. 배가 가라앉아도 괜찮습니다. 아이와 함께 웃을 수 있으면 그만입니다. 그리고 점심이 지나 조용

일상의 것을 소재로 삼아

특별한 무언가로 빚어내기   이야기를 풀어내고

40

한 시간이 찾아왔을 때, 작은 배를 발견한 생쥐(혹은 요정이나 개미 등)가 모험을 떠나는 이야기를 들려줍니다.

요정 배가 없다면 작은 집이나 요새를 만들어도 좋습니다. 아이의 배낭이나 버려진 껌, 가지가 특이하게 휘어진 나무도 이야기의 좋은 소재가 될 거예요. 무엇이든 상관없습니다. 종일 마주친 구체적인 사물이나 사건 중 두세 개를 골라 이야기의 닻을 올려 보세요.

이 기법은 현실을 상상으로 연결했다가 다시 현실로 데려옵

니다. 이야기가 끝난 뒤에는 아이가 실제로 그 이야기처럼 놀고 싶어 할 수도 있습니다. 다시 배가 필요하겠지요.

이것이 바로 '이야기 고리'입니다. 현실에서 출발해 상상의 세계로 향하고, 다시 새로운 현실로 되돌아오는 순환 구조입니다. 형태도 크기도 다양하지요. 이를 다음과 같이 표현할 수 있습니다.

처음 이야기를 시작하는 이들은 보통 단순하고 엉뚱한 이야기로 출발합니다. 하지만 경험이 쌓이면 이야기 고리를 아주 다양한 상황 속에서 발견하게 됩니다. 급기야는 서로 다투는 아이들 사이에서도요. 이때 아이들을 훈계하는 방법도 있겠지만, 그보다는 이야기를 들려주는 편이 더 효과적일 때가 많습니다. 서로 다투던 아이들이 하나의 이야기에 빠져들면서 서로를 마주 보게 될 테니까요. 예를 들어 볼까요? 서로 싸우던 해적 두 무리가 힘을 합쳐 바다에서 만난 거대한 문어와 싸우는 이야기를 들려주는 거예요. "모두 갑판 위로!" 하고 과장된 목소리로 말이죠.

> 숙련된 이야기꾼은 어떠한 상황에서도 이야기의 순환 구조를 만들어 냅니다.

그와 동시에 이야기는 새로운 현실이 만들어지는 순간을 맞게 됩니다

또 다른 예를 들어 볼까요? 아이가 이갈이를 한다고 있다고 가정해 봅시다. 고통스러워하는 아이의 모습을 지켜보는 일은 부모로서

우리는 아이가 현실과
상상의 세계를 잇도록 도와줍니다.
이야기란, 그 두 세계를
이어 주는 다리입니다.

무척 힘든 일입니다. 치과에도 데려가고 약도 먹여 보지만, 새로 자라나는 어금니는 약으로 해결되지 않지요. 이럴 때, 입에 얼음을 물려 주고 이야기를 들려줍니다.

    옛날 옛적에, 새로 나는 이 때문에 아픈 한 아이가 있었어. 아이는 이를 고치기 위해 여행을 떠났지. 여행 도중, 아이는 비버를 만났어. 비버는 이가 멈추지 않고 계속 자라기 때문에 쉴 새 없이 무언가를 갉아야 했지.
    "뭘 그 정도로 엄살을 피워."
    비버가 아이에게 쏘아붙이고는 계속해서 나무를 갉았지.
    그다음에는 코끼리를 만났어. 코끼리는 이해한다는 슬픈 눈빛으로 말했어.
    "엄니가 난 건 내 삶에서 가장 고통스러운 경험 중 하나였지."
    까칠한 악어도 만나고, 상어도 만나고, 심지어 검치호랑이하고도 만났어. 그리고 동물들은 저마다 다른 말을 건넸지. 누구는 위로를 하고, 누구는 투덜댔어. 길을 떠돌던 아이는 마침내 깊은 동굴 속에서 늙은 광부를 만났어. 광부는 사실 아이의 이를 뽑아서 이빨 요정에게 전해 주는 작은 요정이었지. 광부가 말했어.
    "어금니 나는 거 말이야. 그거 진짜 아픈 일이야, 내가 잘 알아. 내가 아이들 콧구멍 깊숙이까지 올라가서 그 이를 밀고 당기거든.

그러니 아픈 건 당연해."

이야기가 아이의 이갈이 고통을 사라지게 하진 않지만, 다정한 말과 약간의 유머가 담긴 이야기 한 편이 아이의 마음을 조금 더 단단하게 만들어 줄 수는 있습니다. 이것도 이야기 고리입니다. 실제 사건이 더 깊은 의미를 지닌 이야기로 바뀌는 과정이지요. 부모에게 이보다 좋은 도구는 드뭅니다.

이야기 고리는 아이와 함께 떠나는 여정입니다. 때로는 몇 시간 동안 이어지기도 하고, 때로는 단 몇 분이면 충분할 때도 있습니다. 대개는 그저 재미를 위한 이야기에서 시작하지만, 익숙해지면 깊은 의미를 담는 것이 놀랍도록 쉬워집니다. 생각해 보면 성경이나 베다˙도 이야기에서 비롯된 게 아닐까 싶어요.

이 책에서는 상상 속에서 시작하고 끝나는 이야기보다 현실의 사물이나 사건에서 출발해 이야기로 들어가는 방식을 집중적으로 다루고자 합니다. 이 방법이 아이는 물론 양육자인 우리도 현실과 상상을 잇는 다리를 건널 수 있게 하니까요. 시간이 흐르면 이런 전략이 필요 없어질 수도 있습니다. 하지만 이야기를 처음 시작하는 이들에게는 이 단순한 연습이 현실과 상상의 세계

- 기원전 1500년경부터 전해진 인도 고대의 종교·철학 경전으로, 힌두교의 가장 오래된 성전.

를 오가는 풍부한 이야기의 원천이 되어 줍니다. 이야기란 결국 '다리'입니다.

다리를 건넜다가 다시 돌아오는 여정을 하나의 고리로 생각해 보세요. 만약 실을 꿴 바늘과 함께 건넜다면, 우리는 현실과 상상 사이의 한 땀을 단단하게 꿴 셈입니다. 경험이 많은 이야기꾼은 이런 바느질을 수백 번 해 본 사람입니다. 그들은 수많은 다리를 가지고 있고, 아이의 나이와 가족의 가치에 맞춰 정성스럽게 그 다리를 놓습니다. 그 다리를 따라 함께 건넜던 아이는 이제 스스로 다리를 건널 수 있게 될 거예요. 그리고 집과 동네, 마을의 구석구석에 상상력을 엮어 넣겠지요. 아이는 평생 이어질 호기심을 품게 될 것입니다. 평범한 사물 속에서도 이야기 문을 발견하는 아이라니! 이 멋진 아이가 당신의 아이일 수 있습니다.

> ❋
> 간결하고 자연스러운 이야기의 핵심은 지금 이 순간에 집중하고, 흐름에 맡기는 것입니다.

이야기는 준비가 거의 필요 없습니다. 외워야 하거나 사전 준비가 필요한 방식은 아무리 좋은 의도에서 출발했더라도 바쁜 부모나 교사에게는 부담스러울 수 있습니다. 또한 이야기꾼이 이야기를 하면서 미리 결말을 준비하거나 예측하려 들면 오히려 집중력이 흐트러지고 이야기의 힘을 잃게 되지요. 이야기하기를 단순하고 자연스럽게 유지하는 핵심은 바로 '지금 이 순간'에 머무르는 것입니다. 이야기의 흐름을 믿고 그대로 흘러가도록 이야기에 시간을 맡기는 것이지요.

완벽한 대본이나 명확한 시작과 끝을 준비할 필요는 없습니다. 어쩌면 이야기의 전체적인 모습조차 뚜렷하지 않을 수 있습니다. 우리는 그저 하나의 다리를 건너는 것뿐입니다. 그 다리는 호기심으로 만들어진 다리이고, 그 위에서 이야기는 나 자신의 모습을 드러냅니다.

첫 번째 단계는 아이의 일상 속에서 익숙한 사물을 하나 고르는 것입니다. 그것은 장난감일 수도 있고, 함께 갔던 장소일 수도 있고, 오후 산책 중에 아이가 우연히 발견한 나비일 수도 있습니다. 그게 무엇이든 상관없지만, 반드시 여러분의 시선도 함께 머물렀던 것이어야 합니다. 왜냐하면 여러분도 이야기 속에서 중요한 역할을 맡고 있는 인물이기 때문입니다. 우리는 여러분이 이야기 속에서 사라지지 않기를 바랍니다.

*
이야기가 어디로 흘러가든,
어떻게 끝나든,
그건 중요하지 않습니다.

풀밭 언덕 위에 앉아 인형 몇 개와 놀고 있다고 가정해 봅시다. 언덕 아래로는 작은 시냇물이 흐르고 있지요. 점심을 먹고 난 뒤 나른해지는 때에 우리는 이야기를 시작해 볼 수 있습니다.

"그 인형 중 하나가 아무도 안 볼 때 살금살금 개울가로 내려가 수영을 하러 갔대."

여기서 인형은 이야기의 닻이 되고, 다리 위에 발을 내디디는 첫걸음입니다. 사전 계획이나 준비 없이도 이야기는 자연스럽게 흘러가기 시작합니다. 그 인형의 걸음걸이를 상상해 보세요. 느리고 조심스러웠을까요? 날렵하고 은밀했을까요? 혹은 어설퍼서 풍덩, 물에 빠졌을지도 모르지요. 인형은 걸으면서 어떤 풍경을 보았을까요? 이야기가 사건에서 사건으로 이어지면 우리는 상상 속에서 인형의 걸음을 따라가게 됩니다. 그녀가 개울가에 다다랐을 때는 무엇을 할까요? 그것은 바로 지금, 당신과 이 순간의 상상을 함께 만들어 갑니다.

이런 이야기가 누군가에게는 조금 억지스럽게 느껴질 수도 있습니다. 이야기를 처음 시도하는 거라면 더더욱요. 하지만 어느 순간, 이야기가 이야기꾼의 마음을 사로잡는 순간이 찾아옵니다. 우리는 어디로 가는지도 모른 채 다리를 건너다가 문득 눈앞에 펼쳐진 저편으로 웃음을 머금고 달려가기 시작할 거예요. "나는 저 인형이 게랑 함께 배를 탔으면 좋겠어." 같은 식으로요. 이것이 우리가 찾고 있는 진짜 이야기입니다. 미리 외워 두거나 계획한 이야기가 아닙니다. 이야기가 스스로 자기 힘으로 움직이기 시작할 테니까요. 이야기꾼은 자신의 상상에 완전히 몰입하고 더 이상 산만해지지 않습니다. 흥분한 이야기꾼의 감정은 아이에게도 고스란히 전해집니다. 이야기의 결말이 어디로 가는지는 중요하지 않지만, 이야기를 끝맺는 아이는 자신의 인형을 전혀 새로운 눈으로 바라보게 될 것입니다. 인형으로 이야기를 다시 재현해 보고 싶어질 수도 있고, 진짜 게가 필요하다고 할 수도 있고, 인형을 또 다른 모험으로 데려가고 싶어 할 수도 있습니다. 바로 이것이 우리가 찾고 있는 '생기'입니다.

우리는 일상적인 활동 속에서도 이야기를 위한 다리를 찾을 수 있습니다. 예를 들어 줄넘기를 하는 아이의 모습을 보고, 줄넘기를 좋아하는 개미와 그 곁에 다가온 애벌레에 대한 이야기를 만들 수도 있습니다. 개미가 줄넘기를 하는 모습을 상상해 보세요. 애벌레는 어떨까요? 다리가 너무 많아서 줄을 넘는 것이 쉽지 않을 수도 있겠지요. 이런 단순한 이야기 하나만으로도 지루한 오후에 활기를 불어넣을 수 있습니다. 이야기가 끝난 다음에는 놀이로 이어질 수도 있고요. 아이는 깔깔 웃으며 줄넘기를 다시 할 수도 있고, 애벌레가 다리를 하나씩 들며 줄넘기를 하는 장면을 재현해 볼 수도 있겠지요. 어쩌면 진짜 커다란 애벌레 인형을 만들고 싶어질지도 모르고요.

하지만 이야기 이후의 놀이는 단 하나의 가능성일 뿐입니다. 억지로 시도하거나 꼭 해야 한다고 유도할 필요는 없습니다. 이야기는 단지 놀이로 가는 길을 열어 줄 뿐입니다. 우리는 이야기 속에 등장한 실제의 사물들 즉, 닻이 되는 것들을 손에 쥐고 있으니까요. 이때 그 길을 따라갈지는 아이 스스로 결정해야 합니다. 이야기가 일상 속의 습관이 되면 이야기는 놀이가 되고, 놀이가 다시 이야기로 만들어지는 흐름을 자주 보게 될 거예요. 이것이 바로 이야기 고리의 마법입니다. 물론 늘 순조롭지만은 않을 테니 아이에게 자기만의 선택권을 주는 것은 매우 중요합니다. 간혹 이야기가 재미없을 수도 있어요. 하지만 괜찮습니다. 그것은 지극히 자연스러운 일이에요.

이 장의 이야기들은 대부분 기발하고 유쾌한 상상에서 출발합니다. 대체로 많은 사람들이 이렇게 이야기를 시작하지요. 이런 단순한 이야기들이 만들어 내는 정서적 친밀감은 시간이 지나 더 복잡하고 감정적인 순간에도 이야기를 통해 다리를 놓을 수 있게 만들어 줍니다. 아이가 다쳤을 때, 친구와의 갈등을 겪었을 때, 혹은 사랑하는 사람을 잃었을 때처럼요. 이런 깊은 주제들은 뒷 장에서 더 자세히 다룰 예정이지만, 지금은 간단한 예시 하나를 소개하겠습니다.

아이가 자꾸 외투를 잊고 다닌다고 가정해 봅시다. 학교에서든, 공원에서든, 친구 집에서든, 자주 외투를 두고 오지요. 부모 입장에서는 답답하고, 아이에게 "제발 좀 잊지 마렴."이라고 잔소리하게 됩니다. 아이는 "다음엔 꼭 챙길게요."라고 하면서도

나 몰라라 합니다. 결국 아이와 부모 사이에는 작은 갈등의 씨앗이 생깁니다.

이럴 때, 그 외투를 이야기의 다리로 바꿔 보는 겁니다. 수영하러 간 곰이 자신의 털가죽 외투를 강변에 벗어 둔 채 까맣게 잊었다는 이야기를 들려주세요. 벌거벗은 채로 집에 돌아간 곰은 부끄러워했고, 겨울이 닥치자 잃어버린 털을 찾아 모험을 떠나야 했습니다. 결국 그 털은 다람쥐 몇 마리와 토끼가 모닥불 옆에 텐트로 만들어 쓰고 있었다는 결말로 이끌어 보세요. 이 이야기는 아이를 웃게 하면서도 부드럽고 효과적으로 메시지를 전달해 줍니다. 비난이나 잔소리도 없이요. 물론 아이는 여전히 외투를 놓고 다닐 수도 있습니다. 하지만 곰 이야기를 나눈 뒤라면 "벌거벗은 곰이 되면 안 되겠지?" 하고 자연스럽게 외투를 상기시킬 수 있습니다. 이처럼 이야기는 아이와 부모를 문제를 일으키는 자와 지적하는 자의 관계가 아닌, 같은 편으로 잇는 다리가 되어 줍니다.

연습 1 + 조용히 관찰하기

이야기를 만들기 전에 아이의 주변 환경을 찬찬히 살펴보세요. 그 안에서 이야기 세계로 들어가는 다리를 발견할 수 있습니다. 장난감이나 아이가 좋아하는 활동, 함께 다녀온 장소나 음식일 수도 있지요. 무엇이 여러분의 마음을 설레게 하나요? 어떤 순간에 웃음이 피어났나요? 가만히 떠올려 보세요.

이 장에서는 요정이나 인형, 벌레 같은 예시를 들었지만, 닌자 거북이나 컴퓨터 게임이 더 재미있게 느껴질 수도 있습니다. 대상은 무엇이든 좋습니다. 여러분의 시선을 끄는 것을 하나의 다리이자 이야기 세계로 향하는 문으로 바라봐 주세요. 그리고 스스로에게 물어 보세요.

"나는 저 문 너머 어디로 가 보고 싶은 걸까?"

이야기 만들기

쇠 파이프 요정

조셉 새로시 지음

이 이야기는 이야기 고리를 어떻게 활용하는지를 보여 주는 재미있는 예시입니다. 이야기 속에서 우리는 출발점이 된 현실, 즉 닻이 무엇이었는지를 명확히 확인할 수 있고, 그 현실이 어떻게 우리의 상상 속 세계로 다리를 놓았는지도 알 수 있습니다. 결국 부모와 아이 모두가 손에 잡힐 듯한 새로운 현실을 함께 느끼게 되었다는 것을 알 수 있을 것입니다.

★ ★ ★

어느 날, 우리는 친구 가족을 비롯하여 유치원 친구들과 다 같이 론 아저씨 농장에 가는 길이었습니다. 나는 친구 차 조수석에 앉아 있었고, 뒤에는 우리 딸과 친구의 딸이 나란히 앉아 그림책을 보고 있었지요. 30분쯤 달렸는데도 목적지까지는 한참 남았습니다. 우리 차 앞뒤로는 다른 부모님들과 아이들이 탄 차가 있었고, 모두 같은 유치원 친구들이었지요.

오른쪽으로 리오그란데 강이 펼쳐진 멋진 도로가 나 있었는데 공교롭게도 가스관 공사로 차선이 하나 줄었어요. 그 바람에 길이 꽉 막혀 있었죠. 주황 조끼를 입은 인부들이 커다란 쇠 파이프를 옮기고, 우리 차는 멈춰서 그 작업을 보고 있었습니다.

그때 친구 딸이 책을 바닥에 던지며 말했어요.

"아빠, 심심해. 이야기해 줘."

"음…… 글쎄…….""

친구는 머뭇거렸고, 그 표정만 봐도 이야깃거리가 없다는 걸 알 수 있었지요. 잠시 그들의 실랑이를 조용히 듣고 있다가 내가 끼어들었습니다.

"얘들아, 내가 이야기 하나 해 줄까? 단, 규칙이 하나 있어."

"뭔데요?"

"재미있으면 안 돼."

애들이 깔깔 웃었고, 친구도 킥킥 소리 내어 웃었어요.

우리 딸이 고개를 절레절레 흔들며 말했습니다.

"우리 아빠는 항상 저래. 그냥 농담이야."

"너나 농담이지."

나는 장난스럽게 말했고, 딸은 눈을 흘겼습니다.

"자, 시작할게. 실케 선생님이 늘 요정 이야기를 하잖아?"

"네!"

나는 주위를 둘러봤습니다. 요정 배도 없고, 인형도 없고, 그저 쇠 파이프만 끝없이 이어져 있었지요. 그래서 이야기의 주인공을 그 파이프로 삼기로 했습니다.

어느 날, 요정 하나가 타오스로 가는 길이었어. 사람들이 안 볼 때 몰래 나무도 패고, 벽난로도 청소해 주는 아주아주 착한 요정이었지. 하루는 이 도로를 따라 걷고 있었어. 크리스마스를 준비하러 가던 중이었거든. 그 요정이 도로 가장자리를 따라 풀숲에 숨어 걷고 있었는데, 갑자기 진흙 더미와 공사 장비들이 가득한 공사장을 만났어. 다행히 주말이라 아무도 없었지. 요정은 진흙을 오르내리며 기계 사이에서 숨바꼭질을 하듯이 뛰어다녔어. 그러다 갑자기 차 한 대가 쌩 하고 나타났지 뭐야. 깜짝 놀란 요정은 커다란 쇠 파이프 안으로 훌쩍 뛰어들었지.

파이프 안은 깜깜했어. 아무것도 안 보였어. 그런데 갑자기 어떤 소리가 들리기 시작하는 거야.

딩, 팅, 퐁…….

금속 조각이 부딪히는 소리였어. 소리는 사방에서 들렸고, 요정은 점점 겁이 났어. 그런데 멀리서 불빛이 켜지고, 작은 기계들이 모습을 드러냈지. 그들은 파이프랑 같은 색이었고, 작은 바퀴, 팔, 용접기, 드릴 같은 걸 달고 있었어. 어떤 기계는 불도저처럼 변했다가 다시 파이프 벽 속으로 스르르 들어가 버렸어. 요정은 깜짝 놀랐어.

그중 한 로봇이 요정에게 다가와서 배에서 접시를 꺼냈어. 접시 위에는 치즈랑 크래커가 있었지. 배가 고팠던 요정이 한 입 먹어 봤는데 완전 맛있는 거야! 허겁지겁 먹어 치운 요정은 접시에 부스러기만 남은 걸 보고 살짝 미안해졌어. 그런데 로봇 하나가 팔을 흔들면서 괜찮다는 표정을 짓고는 파이프 벽을 똑똑 두드리는 거야. 곧이어 파이프 벽이 열리더니 그 안에 있던 수많은 로봇들이 나타났어. 그들은 오일병을 꺼내서 다 같이 요정을 위해 건배하고는 벌컥벌컥 마셨지.

요정은 정말 마음이 녹아내리는 거 같았어. 새 친구들의 따뜻한 환영을 받았으니까. 그러다 요정은 타오스로 가야 한다는 게 새삼 떠올랐어. 허둥대는 요정에게 로봇 하나가 파이프 벽을 두 번 두드리더니 작은 롤러스케이트를 꺼내 주었지.

"이 파이프는 타오스 방향으로 살짝 경사져 있어요. 이걸 신으면 미끄럼틀처럼 끝까지 갈 수 있을 거예요."

요정은 살짝 눈물이 날 뻔했어. 로봇 친구들에게 인사하고 요정은 롤러스케이트를 신고 파이프 속으로 달려가기 시작했어.

딩, 팅, 퐁!

그렇게 수많은 파이프를 지나고 또 지나며 달렸어. 어떤 로봇들은 요정이 가까이 가면 벽 안으로 스르륵 사라졌고, 지나가면 다시 나와 일을 계속했어. 서로 인사도 나누었지.

빠르게 달리던 요정은 마침내 하늘 위로 튀어 올랐어. 진짜 하늘을 나는 작은 요정처럼 말이야. 파란 하늘, 끝없이 이어진 파이프, 도로 옆 강물…… 너무 아름다웠어. 하지만 요정은 날개가 없잖아. 아아, 아래로 떨어진다! 그때 푸른 왜가리 한 마리가 날아올라 요정을 포근한 깃털 이불처럼 받아 줬지. 파이프 입구에서 만났던 로봇 셋은 요정이 날아올랐다 떨어질 걸 알고 강가에 사는 파란 왜가리에게 부탁했거든. 로봇들과 절친한 친구 사이였던 왜가리는 로봇의 부탁을 들어주려고 요정을 기다리고 있던 거였어.

드디어 요정이 타오스에 도착했어. 사람들이 안 볼 때 나무도 패고, 밤에는 스펀지를 발에 묶고 얼음 위를 미끄러지듯 바닥을 닦았어. 고양이들은 그걸 싫어했지만, 잡지는 못했대. 그런 건 요정들이 하는 일이니까. 아마 너희 집에서도 그런 일이 일어날지도 몰라. 오늘 이야기는 여기까지!

차 안은 잠깐 조용해졌고, 우리는 어느새 공사 구간을 지나 목적지인 론 아저씨 농장에 다다랐어요. 그때 뒤에서 아이들이 외쳤어요.

"진짜 최고의 이야기였어요! 또 하나 해 주세요!"

나는 웃으면서 말했지요.

"아니야, 난 딱 이 이야기 하나만 할 거야."

나는 도로 위로 펼쳐진 풍경을 바라봤어요. 솜사탕 나무 사이로 마지막 갈색 잎이 흔들리고 있었지요. 아이들은 몇 분 더 조르다가 결국 포기했어요. 왜냐하면 이야기란 건 즉흥적이고, 자유롭고, 상상력의 힘이 필요하니까요.

곧 두 아이는 주거니 받거니 이야기를 만들기 시작했습니다. 새로운 반전도 더하고, 전개도 바꾸고, 자신들만의 이야기를 만들어 냈지요. 친구와 나는 아이들의 웃음소리를 들으며 만족스럽게 숨을 내쉬었어요.

이게 바로 이야기 고리입니다. 현실이 이야기로 변하고, 그 이야기가 다시 새로운 현실이 되는 순간 말이에요!

PART 2

나답게 이야기하기

　　　　　　　　　　어떤 이들은 이미 재능 있는 이
야기꾼입니다. 반면 이야기하는 걸 두려워하는 사람도 있습니
다. 긴장감 넘치는 대서사시를 들려주는 사람이 있는가 하면, 풀
밭을 걷는 이야기조차 간신히 하는 사람도 있지요. 웃음을 자아
내는 이야기를 좋아하는 사람도 있고요. 이야기를 전하는 방식
은 정말 다양합니다. 세상에 존재하는 사람 수만큼 다양한 이야
기 방식이 있고, 같은 사람일지라도 상황에 따라 그때그때 달라
지기도 합니다.

　이야기를 한다는 것은 나 자신을 아이에게 내어 주는 일과 같
습니다. 집중과 사랑, 그리고 온전한 관심을 아이에게 전해 주는
일이지요. 좋은 이야기는 우리를 어디론가 데려가 주지만, 그 이

야기 안에 담긴 내가 진짜여야 합니다. 우리의 목표는 완벽한 이야기가 아니라 '연결'입니다. 좋은 이야기꾼이 된다는 건 그 순간 같은 곳에 함께 있고, 온 마음으로 주의를 기울이는 사람이 되는 것입니다. 당신이 시끌벅적한 록 스타든 조용한 도서관 사서든 상관없어요. 중요한 건 '진짜 당신'으로 이야기하는 것입니다.

우리는 때때로 학교에서 부모님이나 방문객에게 이야기 하나를 들려 달라는 갑작스러운 부탁을 하곤 합니다. 그때마다 누가 자기 자신을 편하게 드러낼 수 있는 사람인지 금세 알 수 있어요. 있는 그대로의 자신을 보여 주는 사람들은 아주 멋드러지게 이야기를 펼쳐 갑니다. 우리 제안에 멈칫하다가도 이내 무당벌레나 눈송이, 혹은 그날 있었던 특별한 일에 대한 짧은 이야기를 들려주지요. 이야기가 엄청나게 대단하진 않지만, 아이들은 그런 이야기를 좋아합니다. 그 사람 자체에 관심이 있기 때문입니다. 아이들은 본능적으로 누군가가 자신과 함께라는 걸 느끼고 바로 알아챕니다. 이야기가 조금 짧거나 이상해도 괜찮아요. 진심이 담겨 있으면 되니까요.

종종 완벽한 이야기를 해야 한다는 압박감에 결국 말 한 마디도 꺼내지 못하는 경우가 있습니다. 아이러니하게도 고학력일수록 아등바등 애를 쓰고, 머리를 싸매고 입술을 깨물다가 결국 "준비가 안 돼서요……." 하며 물러섭니다. 생각해 보세요. 누구

'완벽한 이야기'를
만드는 것이 아니에요.
우리의 목표는 '연결'입니다.

에게나 그런 경험이 있을 겁니다. 이 책을 읽고 있는 당신은 어른이니까 그 상황을 이해하고 잊어버릴 수 있을 거예요. 하지만 아이 입장에서 그 메시지는 아주 분명합니다.

"너와 나눌 이야기가 없단다."

이야기 시간에 주춤하는 부모님들은 대개 '좋은 이야기꾼이 되려면 대단한 이야기를 해야 한다'는 '거대한 착각'에 빠져 있습니다. 물론 멋진 이야기를 들려주는 건 좋은 일이지만, 문제는 그걸 찾느라 길을 헤맨다는 데 있습니다. 사람들은 세상에서 가장 흥미진진한 이야기를 해야 한다고 생각하지요. 영화 「스파이더 맨」이나 「인어공주」 같은 블록버스터를 떠올리는 순간, 우리의 이야기는 절대 그 수준에 못 미치는 하찮은 것이라고 여기고 일상 밖에 있는 무언가를 좇게 되지요. 마치 달달 외워서 아이에게 건네야만 할 것처럼요. 그리하여 마음이 편안해진다면 괜찮지만, 그로 말미암아 자기 자신을 의심하게 된다면 멈춰야 합니다. 그럴 때는 그냥 단순한 이야기 하나로 돌아오세요.

내 이야기를 나눈다는 것은 이야기를 가치 있게 여긴다는 뜻입니다. 내 이야기를 소중히 여긴다는 건, 결국 나 자신을 소중히 여긴다는 말이기도 하고요. 있는 그대로의 나 자신을 충분히 나눌 가치가 있다고 믿는 것이 누구에게나 쉬운 일은 아닙니다.

하지만 아이에게 그런 마음을 보여 주는 건 정말 중요한 일입니다. 이야기 속에서 친밀함이 싹트는 그 순간, 우리는 자연스레 마음의 문을 열 수 있습니다. 그렇게 마음에서 우러난 이야기야말로 아이에게 가장 깊이 가 닿습니다.

> ✳︎
> 아이들이
> "이야기 들려주세요!"
> 라고 말할 때,
> 사실 그들은 이야기를
> 원하는 게 아닙니다.
> '관심'을 바라고
> 있는 것입니다.

아이들이 "이야기 들려주세요!"라고 말할 때, 사실 그들은 이야기를 원하는 게 아닙니다. '관심'을 바라고 있는 것입니다. 진심 어린 관심이 보이면, 이야기는 놀라울 만큼 자연스럽게 흘러나올 거예요. 그렇게 쌓이는 편안함과 친밀함, 반복성은 그 어떤 전문가의 조언보다도 빠르게 당신을 이야기꾼으로 성장시켜 줄 것입니다. 이야기는 단지 줄거리를 반복하는 것이 아니라 경험을 나누는 일이니까요.

진심에서 비롯된 진짜 이야기를 들려줄 때, 아이는 다시 그 이야기 세계로 돌아가고 싶어 합니다. 무엇보다 이야기를 한 당신도 그곳으로 돌아가길 바라고요. 하지만 이야기할 때 마음속에 '제대로 해야 한다'는 부담이나 조바심이 있다면, 그 느낌은 아이에게도 불편한 감정을 남깁니다. 이야기가 아무리 잘 흘러간들 부정적인 감정은 전달되기 마련입니다. 부담스러운 교감이 거듭될수록 이야기는 점점 '일'처럼 느껴지기 시작합니다. 반대로 어떤 가식도 없이 진짜 내 이야기를 꺼낸다면 대체로 편안하고 즐거운 시간을 누리게 되지요. 때로는 기쁘고 자랑스러운 기억으로 남아 다음 이야기를 또 들려주고 싶어지고요.

이것이 이야기꾼이 되기 위한 첫 번째 목표입니다. 첫 이야기를 들려주기 전부터요. '자기 자신이 되는 것', 진실되지 않은 소재로는 좋은 이야기를 할 수 없습니다. 이 원칙은 아주 사소하면서도 가장 어렵지요. 누군가는 이 원칙 덕분에 이야기꾼이 되고, 또 누군가는 이 원칙 앞에서 포기하게 됩니다. 금발의 동화 속 엄마든, 회색 바지를 입은 버스 운전사든 상관없습니다. 여러분의 이야기를 들려주세요. 진짜 모습을 보여 주세요. 아이는 그런 당신을 진심으로 사랑할 거예요.

당신 자신과 아이에게 솔직해질 때에야 비로소 우리는 무엇이 아이를 기쁘게 하고 창의적으로 만들어 주는지를 탐색할 수 있습니다. 이야기꾼은 자기의 일정과 기분에 주의를 기울여야 합니다. 언제 이야기가 술술 나오는지, 언제는 너무 힘들게 느껴지는지를요. 피곤할 때는 아이의 요청을 거절해도 괜찮습니다.

이야기의 진짜 재미는 자신이 들려주는 이야기에 푹 빠져 있는 이야기꾼을 보는 데에 있습니다. 우리는 그런 모습을 보면 이야기에 집중하게 됩니다. 사람의 얼굴 표정이나 목소리의 톤에서 그 감정이 고스란히 드러나니까요.

아브라함 매슬로우[•]를 비롯한 심리학자들이 주장하듯이 창의성의 표현은 인간적으로 살아가기 위한 웰빙$^{Well-being}$에 꼭 필요한 요소입니다. 마찬가지로 좋은 이야기꾼은 자기 이야기로부터 힘을 얻는 사람입니다. 이야기 자체를 좋아하고, 이야기가 만들어 주는 친밀함과 연결감을 소중하게 여깁니다.

연습 2 ✛ 나에게 이야기 들려주기

아이에게 이야기를 들려준 경험과 상관없이 이번에는 나 자신에게 이야기를 들려주는 시간을 가져 보세요. 아이에게 이야기하듯, 나에게도 정성을 다해 주세요. 방해받지 않는 편안한 시간과 공간을 고르고, 지금 눈앞에 있거나 오늘 하루 중 인상 깊었던 사물이나 활동을 하나 골라 그것을 이야기의 다리로 삼아 보세요. 이야기하면서 웃음이 나고 호기심, 설렘 같은 감정이 드는지 살펴보세요. 불확실함이나 어색함, 지루함 같은 감정도 있는지 느껴 보고요. 그리고 나서 몇 시간이나 며칠 뒤에, 그 이야기의 다리가 여전히 마음속에 남아 있는지도 한번 돌아 보세요. 아침, 점심, 저녁 다른 시간에 이 연습을 반복하며 어떤 차이가 생기는지도 관찰해 보면 좋습니다.

- 인간의 욕구를 위계적으로 설명한 '욕구 단계 이론'으로 잘 알려진 미국의 심리학자.

연습 3 + 아이에게 이야기 들려주기

이미 아이에게 이야기를 들려주고 있나요? 혹은 아이가 배 속에서 들어야 하는 상황인가요? 어떤 상황이든 1장에서 설명한 '이야기 고리'를 활용해서 아이에게 직접 이야기 들려주는 시간을 가져 보세요. 방해받지 않고 편안하게 이야기할 수 있는 시간과 장소를 정하는 것이 좋습니다.

먼저 몸을 이완시키고 편안한 자세를 잡아 보세요. 조금 어색하다면 눈을 감아도 좋습니다. 우리 유치원에서는 종종 누워서 하늘을 바라보며 이야기를 하기도 하거든요. 아이와 나란히 누워 들숨과 날숨에 따라 오르락내리락 움직이는 가슴을 느껴 보세요. 주변의 소리를 느끼되 그 안에 휘둘리지 않고 현재에 머무는 연습을 해요. 아이도 잘 알고 있는 사물이나 활동 하나를 이야기의 다리로 삼아 이야기를 시작해 볼까요? 이야기를 하면서 웃음이 나고 호기심, 설렘이 느껴지는지, 혹은 어색함이나 지루함, 긴장 같은 감정이 드는지도 함께 느껴 봐요. 어떤 감정이든 그냥 흘러가게 두는 거예요. 붙잡지 말고, 그냥 바라보면서요. 그러고 나서 아이가 그 다리와 어떤 연결을 계속 느끼고 있는지 살펴보세요.

이야기 만들기

독일의 작은 마을

실케 로즈 웨스트 지음

나는 미국 남서부의 사막 지대에서 자란 내 딸들이 독일 시골의 작은 농촌 마을에서 자란 나의 어린 시절과는 전혀 다른 환경에서 성장하게 되리라는 걸 알고 있었습니다. 그래서 우리 가족만의 문화를 이어 가기 위해 종종 어린 시절 이야기를 했지요. 이야기 속에서 나는 그 시절의 '작은 소녀'가 되어 단순하지만 따뜻한 이야기들을 들려줬어요. 그렇게 이야기를 하다 보면 기억 속에 남아 있는 소중한 추억들이 하나둘 떠올라 마음을 따뜻하게 데워 줬지요. 가족은 멀리 떨어져 있고, 할머니는 세상을 떠났지만, 그 이야기들은 우리를 여전히 연결해 줍니다.

좋은 이야기의 진짜 선물은 듣는 이뿐만 아니라 이야기하는 이의 마음도 기쁘게 해 준다는 데에 있습니다. 이제 딸들은 모두 어른이 되었지만, 이야기들은 내가 일하는 유치원 아이들에게 여전히 큰 울림을 줍니다. 아이들은 "선생님, 마을 이야기 들려주세요!" 말합니다. 그리고 나는 그 말의 진짜 의미가 "선생님, 선생님의 진짜 이야기를 들려주세요."라는 것을 압니다.

★ ★ ★

옛날 옛적, 독일의 시골 마을에 한 아이가 살았어. 그 아이의 부모님은 소를 돌보고 밭일을 하느라 늘 바빠서 아이는 대부분의 시간을 할머니, 할아버지와 함께 보냈지. 두 분은 아이를 정말 많이 사랑했단다.

매주 금요일이면 할머니는 일요일에 먹을 특별한 빵을 구웠어. 그 달콤하고 맛있는 빵은 가족 모두가 일주일 내내 손꼽아 기다릴 정도였지. 그런데 하루는 빵을 만들 버터가 모자라지 뭐야.

"이걸 어쩌면 좋지?"

할머니가 중얼거렸어.

작은 소녀는 할머니가 반드시 그 빵을 구워야 한다는 걸 알고 있었어. 그래서 자기가 가게에 다녀오겠다며 집을 나섰지. 아직 글도 못 읽고 쓰지도 못했지만, 혼자서 가게까지 다녀올 정도는 되었단다. 마을 사람들은 모두 이 아이를 알고 있었어. 아이가 수다 떠는 것도 좋아하고, 콧노래 부르며 인사도 잘해서 어른들이 아주 예뻐했거든.

그날 할머니는 '버터 1파운드 주세요.'라고 쓴 종이와 함께 지갑을 헝겊 가방에 넣어 주며 말했지.

"버터를 사고 바로 집에 오렴. 길에 너무 오래 있지 말고."

할머니는 이 아이가 얼마나 수다스러운지 잘 알고 있었거든. 그리고 할머니는 정오를 알리는 교회 종이 울리기 전에 빵을 꼭 오븐에 넣어야 했어.

가게로 가는 길에 아이는 뻐꾸기시계 장인을 만났어. 그 노인은 완성된 시계를 자랑하는 걸 좋아했는데, 장인이 만든 시계들은 마치 예술 작품처럼 멋졌어. 헛간 문 앞에서 노인은 손을 흔들며 말했지.

"방금 완성된 새 시계 좀 보고 갈래?"

아이는 잠시 생각하다가 대답했어.

"할머니 심부름을 해야 해요. 가게에 갔다가 돌아오는 길에 볼게요!"

가게 문 위에는 특별한 종이 달려 있었어. 손님이 들어오면 주인에게 알리는 장치였지. 가게 주인은 두 아이를 키우며 장사를 했거든. 그날은 가게 안에 다른 손님이 없어서 아이는 바로 도움을 받을 수 있었어.

"그러고 보니 오늘, 할머니가 빵 굽는 날이구나. 버터가 동이 났나 보네."

"네, 그리고 가방 안에 버터값으로 낼 돈도 있어요."

아이 얼굴에는 뿌듯한 미소가 떠올랐어. 어른이 된 기분이 들었거든.

가게 주인은 아이네 가족을 아주 잘 알고 있었어. 버터를 가방에 넣고, 영수증과 거스름돈도 꼼꼼하게 잘 챙겨 줬지.

"자, 이건 할머니 심부름 잘했으니 내가 상으로 주는 젤리다. 그리고 할머니께 전해 줘. 새 천은 다음 주에 도착할 거라고."

아이는 심부름 다니는 게 정말 좋았어. 마치 어른이 된 것 같았거든. 게다가 가게 주인이 주는 작은 선물도 받았잖아!

아이가 집으로 돌아오는 길에도 뻐꾸기시계 장인은 여전히 헛간 문 앞에 서 있었어.

"자, 이것 보렴!"

장인은 완성된 시계를 가져와 아이에게 구경시켜 줬지.

아이는 눈을 반짝이며 정교한 조각을 바라봤어.

"와, 정말 멋져요!"

아이가 감탄했어.

노인은 활짝 웃었지.

"이제 할머니한테 빨리 가야 해요. 시계 이야기는 꼭 전해 드릴게요!"

아이는 손을 흔들고 골목길을 달려 내려갔어. 시계 장인은 아이들을 무척 좋아했어. 자신이 만든 시계를 유심히 봐 주는 건 아이들밖에 없었거든. 어른들은 늘 너무 바빴지.

할머니는 벌써 불을 피워 놓고 빵 만들 준비를 하고 있다가 아이가 사 온 버터를 받자마자 한 치의 망설임도 없이 밀가루, 우유, 계란, 이스트를 반죽했지. 비록 오래된 낡은 앞치마를 둘렀지만, 아이 눈에는 할머니가 왕비처럼 위엄 있어 보였어.

그리고 일요일이 되었어. 일요일의 빵은 정말 정말 맛있었단다. 평일의 빵은 뻑뻑하고 어두운 색이었지만, 일요일 빵은 가볍고

폭신하고 달콤했지. 아이는 일요일을 참 좋아했어. 왜냐하면 아이가 태어난 날이 바로 일요일이었거든.

PART 3

단순하게
이야기하기

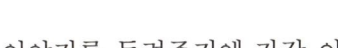

이야기를 들려주기에 가장 이상적인 시기는 아이가 세 살이나 네 살일 때입니다. 물론 더 이른 시기, 아이가 태어난 그날이나 배 속에 있을 때부터 이야기를 들려주면 좋겠지만요. 그렇다고 걱정할 필요는 없어요. 아이가 서너 살인 시기도 여전히 부모와의 유대가 강한 시기라서 이야기 시간을 처음 접해도 쉽게 친밀감을 느끼며 몰입할 수 있습니다. 다만 다섯 살쯤이 되면 아이는 새로운 리듬이나 변화를 받아들이는 데 더 어려움을 느낄 수 있어요. 특히 영상 매체에 익숙한 아이일수록 이런 변화는 더 어렵게 받아들일 거예요.

아이가 어릴 때부터 이야기를 시작해야 하는 중요한 이유는 바로 당신 자신 때문입니다. 이 책에서 다루는 이야기 방식은 부모인 당신과 아이 사이의 관계에 관한 것입니다. 이야기꾼으로서 여정을 시작할 때, 아이가 단순한 이야기에 만족하는 시기라면 훨씬 수월하게 시작할 수 있습니다. 이 시기의 이야기 연습과 친밀함은 시간이 지나 아이의 성장과 더불어 복잡한 이야기로 자연스럽게 이어질 테니까요. 즉 아이가 자라면서 당신의 이야기 실력도 함께 자라는 것입니다. 아이는 이야기라는 것이 영상과는 다른 세계라는 걸 몸으로 익히게 되고, 오히려 이야기 시간에 더 깊은 애정을 보이게 됩니다. 그 차이는 굳이 비교할 필요도 없어요. 부모와 아이가 변화를 자연스럽게 느끼게 될 테니까요.

영아나 유아를 위한 이야기는 아주 짧고 단순해야 합니다. 그런 의미에서 까꿍 놀이는 연결감을 만들어 주는 첫 이야기라 할 수 있습니다.

"우리 아기 어디 있나? 여기 있네! 우리가 너를 많이 사랑한단다. 우리가 너를 찾았고, 너는 세상에서 가장 소중한 선물이야."

아이가 자신의 몸을 인식하기 시작하면 자연스레 이야기도 함께 자라납니다. 두 손가락으로 "작은 요정이 우리 아기 언덕을 올라간다."고 하며 아이의 팔을 타고 올라가고, "딸랑 딸랑 종을 찾아 간다."고 하며 귀를 향해 가고, "커다란 동굴 두 개를 찾아서 간다."고 하며 코로 가는 식의 이야기를 만들어 볼 수 있습니다. 이러한 '발견의 이야기'는 아이가 자기 몸에 대해 즐거움을 느끼게 해 주고, 부드러운 접촉을 통해 양육자와의 관계를 돈독하게 이어 줍니다. 반복과 짧은 문장이 핵심인데, '도리도리 짝짜꿍' 같은 놀이가 그 대표적인 예랍니다.

기어 다니고, 일어서고, 세상을 탐색하기 시작한 아이는 사물에 관한 짧은 이야기에도 빠질 준비가 되어 있습니다. 예를 들어 "작은 돌멩이가 탁자 끝으로 폴짝 뛰더니 '퐁!' 하고 물속에 빠졌어요."라는 이야기와 함께 손으로 돌멩이를 움직이고 물에 떨어뜨리는 동작을 함께 하면 아이는 더 크게 반응할 것입니다. 아이는 이러한 이야기를 반복해서 듣고 싶어 하고, 종종 이야기의 일부를 따라 하기도 합니다.

두 살쯤 되면 '위험'이라는 요소를 아주 간단하게 이야기에 도입할 수 있습니다. 예를 들어 볼까요?

"어느 날, 작은 아이가 엄마 곁을 떠나 큰 나무까지 갔어요. 뒤를 돌아보니 세상에, 곰이 있었어요! 아이는 후다닥 엄마에게로 달려갔지요."

이 시기의 아이는 아직 복잡한 갈등이나 디테일한 위험 요소가 들어간 이야기를 어려워해요. 반드시 단순한 이야기 구조를 유지해야 합니다.

세 살 무렵이 되면 아이는 친구를 사귀기 시작하고, 부모에게서 조금씩 떨어지려고 합니다. 이야기 역시 그에 맞춰 자라야겠지요.

"이제 나무 뒤에서 곰을 만난 아이는, 그 곰과 친구가 되어 작은 여행을 떠나게 됩니다. 다리를 건너고, 산을 올라 햇살 가득한 초원에서 뒹굴지요. 해가 지기 시작하면 두 친구는 다시 산을 내려와 다리를 건너고, 집에 무사히 돌아옵니다."

시간이 흐르면 등장인물과 사건은 더 복잡해지고 흥미로워져요. 아이와 함께 자라난 이야기의 흐름은 전혀 낯설지 않게 이어질 수 있고요.

네 살쯤 되면 아이는 본격적으로 이야기의 세계에 눈을 뜹니다. 이야기를 놀이나 역할극으로 확장하여 스스로 이야기를 만들어 가고 싶어 하지요. 이 책에서 다루는 주요 이야기들은 바로 이 시기에 해당됩니다. 잘만 활용하면 이야기는 아이를 달래고, 웃게 하고, 가르치고, 함께하는 시간을 만들어 주는 가장 강력한 육아 도구가 됩니다. 그 이야기들은 지금까지 쌓아 온 친밀감이란 토대 위에 세워진 것이니까요.

이때 아이에게는 아주 특별한 인지 변화가 일어납니다. 심리학자들은 이를 가르켜 '마음 이론Theory of Mind'• 이라고 부르는데, 마음 이론의 대표적인 실험을 소개할게요. 아이는 작은 인형극

• 다른 사람도 자신과는 다른 생각, 감정, 믿음, 욕구를 가질 수 있다는 것을 이해하고 추론하는 능력. 유아기 후반부터 발달하며, 공감과 사회적 상호 작용의 핵심 요소로 여겨진다.

무대 앞에 앉아 인형이 사탕을 상자에 넣는 모습을 지켜봅니다. 인형은 "나중에 먹어야지."라고 말하며 무대를 떠납니다. 곧이어 다른 인형이 나타나 사탕을 꺼내 다른 곳에 숨기고는 상자를 제자리에 둡니다. 이 모든 일은 아이가 지켜보는 가운데 이루어집니다. 얼마 안 있어 처음 등장한 인형이 돌아오고, 상자를 열기 전에 실험자가 아이에게 묻습니다.

"이 인형은 상자 안에 뭐가 들어 있다고 생각할까?"

네 살까지의 아이들은 대부분 "아무것도 없다고 생각해요."라고 대답하지요.

마음 이론은 '다른 사람의 관점'이라는 말을 복잡하게 표현한 것입니다. 어린아이들은 아직 타인의 관점을 완전히 구별하지 못합니다. 엄마나 아빠가 자신과는 다르다는 건 어느 정도 이해하지만 엄마나 아빠가 무슨 생각을 하는지, 그것이 자신의 생각과 다르다는 것을 직관적으로 파악할 수는 없습니다. 위에서 말한 아이는 첫 번째 인형은 전혀 모르는 상황(사탕이 다른 곳으로 옮겨짐)을 인지하지 못한 채 자신이 본 대로만 믿어요. 하지만 이 능력은 보통 네 살 즈음에 급격한 변화를 겪으며 생겨납니다. 아이의 뇌가 이 놀라운 인간의 도구를 본격적으로 사용하게 되는 시기거든요. 이 시기 이후로는 우리 어른들과 마찬가지로 "간식이요."라고 대답하게 되지요.

이야기는 아이를 달래고,
즐겁게 하고, 가르치고,
그밖에도 무수히 많은 순간에
쓸 수 있는 가장 강력한
양육 도구 중 하나입니다.

어른들은 마음 이론을 너무도 당연하게 여긴 나머지 그것이 없던 시절을 떠올리는 것 자체가 불가능합니다. 마트에 간다고 가정해 봅시다. 우리는 마트에 들어선 순간, 계산대 너머 점원의 의도를 추측하고, 과일 코너에서 사과를 들여다보는 남자의 마음을 짐작하며, 통로에서 수다를 떠는 두 여성의 대화 맥락을 헤아리지요. 그 옆에서 뒤적이는 아이들과 문 쪽으로 향하는 노부부의 움직임까지도 자연스럽게 인지하고 해석합니다. 몇몇 과학자들은 일부 동물들도 마음 이론의 초기 형태를 가지고 있다고 주장하지만, 인간만이 이 능력을 매우 정교하게 사용할 수 있다는 점에는 이견이 없습니다.

> * 이야기는 우리가 '마음 이론'을 활용하는 가장 대표적인 방식 중 하나입니다.

흥미로운 점은 이 마음 이론이 생겨나는 시기인 네 살 무렵부터 아이들 마음속에 '비밀'이라는 것이 자리 잡기 시작한다는 사실입니다. 대부분의 두세 살 아이들은 비밀을 지키겠다고 약속하고는 곧장 엄마나 아빠에게 털어놓습니다. 약속을 깼다는 자각이 없기 때문에 이는 종종 형제자매의 짜증을 불러오기도 하지요. 거짓말도 세 살 아이보다 네 살 아이에게서 더 자주 나타납니다. 이 모든 현상은 바로 마음 이론 덕분에 생기는 일입니다. 다른 사람이나 동물의 의도나 지식, 관점을 추측하기 위한 인지 장치인 마음

이론이 이야기 속에서는 매혹저인 서사 구조로 재탄생됩니다.

이야기는 우리가 마음 이론을 활용하는 가장 대표적인 방식 중 하나입니다. 뚜렷한 관점을 지닌 다양한 등장인물을 따라가며 우리는 점점 더 폭넓은 렌즈로 현실 세계를 바라보는 훈련을 합니다. 주인공의 생각을 넘어서고, 때로는 나 자신의 생각을 넘어선 의미를 발견하게 되지요. 이것이 바로 어른이 된 후에도 이야기가 인간을 사로잡는 이유입니다. 우리는 더 복잡하고 깊이 있는 서사와 인물을 자연스럽게 찾고, 그 과정에서 더욱 다양한 관점을 지니게 됩니다.

네 살이라는 나이는 이 장에서 소개한 다른 권장 연령과 마찬가지로 단 하나의 이정표일 뿐입니다. 어떤 아이는 더 이르게, 어떤 아이는 더 늦게 발달합니다. 하지만 통상적으로 서너 살 무렵에 이야기 듣는 습관을 들이는 것이 즐겁고 깊이 있는 이야기 여정을 오래 함께해 나가는 데 큰 도움이 된다는 점은 분명합니다. 만약 그보다 이른 시기를 놓쳤더라도 네 살쯤이면 이야기를 따라잡는 데 큰 어려움이 없을 거예요. 대여섯 살쯤 되면 아이는 이미 상당히 정교한 존재로 자라 조금 더 힘이 들 수는 있겠지요.

물론 아이가 이미 다섯 살이 넘었다고 해도 걱정할 필요는 없습니다. 아직 이야기를 들려줄 수 있는 시간이 한참 남아 있으니까요. 다만 이 경우에는 고민할 겨를이 없어요. 바로 지금, 당장 시작해야 합니다. 방법은 단순해요. 먼저 2장의 '나답게 이야기하기'를 다시 읽어 보세요. 새로운 루틴을 시작하는 건 늘 용기가 필요해요. 하물며 이야기하기에서 무엇보다 중요한 건 '나답게' 시작하는 것이잖아요. 그 변화의 시기를 가장 잘 지나려면 다른 누군가인 척하는 것이 아니라 있는 그대로의 자신을 믿고 편안히 이야기를 이어 가야 합니다. 그리고 5장의 '이야기의 기본 요소들'을 미리 살펴보세요. 5장에는 이야기에 생기를 불어넣는 실전 팁들이 소개되어 있습니다.

여섯 살쯤이 되면 이야기 속에 '진짜 위험'을 들여올 수 있습니다. 숲속의 마녀나 괴물, 아이를 잡아먹는 존재들까지도 등장시킬 수 있지요. 이 시기에도 마녀나 괴물에 맞서 홀로 싸우는 일이 아이들에게는 여전히 힘겨운 일일 수 있습니다. 이럴 때는 작은 생쥐 같은 숲속 친구의 도움을 빌리는 것도 좋은 방법일 거예요.

어떤 아이들은 이야기에 바로 빠져들지만 그렇지 못한 아이들도 있습니다. 성장과 함께 따라오는 도전들이 두렵게 다가올 거라서요. 그렇기 때문에 이야기는 아이가 두려움을 마주하고, 결국에는 괜찮아질 수 있다는 믿음을 줄 수 있는 좋은 방법입니다.

이야기는 가능한 한 빨리, 아이의 나이가 어릴수록 시작하는 것이 좋습니다. 아이가 말을 알아듣기 전이라도 말이에요. 그건 아이를 위한 일이기도 하지만, 당신을 위한 일이기도 합니다. 그렇게 시작한 이야기가 처음에는 아이의 몸과 연결된 이야기로 시작하여 점차 아이 손에 닿는 물건, 부모와의 관계, 친구, 그리고 독립적인 모험으로 나아갑니다. 네 살 무렵이면 아이는 여러 인물과 약간의 갈등이 섞인 모험을 함께 떠날 준비가 되어 있지요. 우리는 그 흐름을 따라 천천히 이야기를 익히고, 아이는 우리 품 안에서 점점 더 복잡한 이야기를 편안하게 받아들입니다. 그리고 그 친밀함은 사춘기에 들어서기 전까지도 아이에게 든든한 휴식처가 되어 줄 거예요.

연습 4 + '온전함'을 느껴 보기

이 연습에서는 세 살 아이의 눈으로 세상을 바라보는 상상을 해 볼 겁니다. 이 시기의 아이는 아직 '마음 이론'을 갖추기 전이므로, 모든 것이 자기 자신과 연결되어 있다고 느낍니다. 엄마와 아빠, 강과 해, 꽃과 비 등 세상의 모든 것과요. 만약 당신의 아이가 그보다 나이가 많다면, 이런 아이가 등장하는 이야기로 구성해 볼 수도 있습니다. 아직 어린 아이라면, 잠들기 직전 부드럽게 이야기해 주세요. 중요한 건 당신 스스로 세상을 하나의 전체로 경험한다고 상상해 보는 것입니다.

이야기 만들기

아기 곰의 첫 산책

실케 로즈 웨스트 지음

'아기 곰' 이야기는 부모가 아이에게 이야기를 들려주기 시작할 때 가장 흔히 선택하는 방식 중 하나입니다. 아기 여우나 아기 다람쥐여도 괜찮지만 수세기에 걸친 이야기 전통을 보면, 인간은 유독 '아기 곰'에 매력을 느끼지요. 아래 이야기는 두 살이나 세 살 아이를 위한 거예요.

★ ★ ★

옛날 옛적에, 아주 큰 산 가까이에 있는 동굴에 엄마 곰이 살고 있었어. 아빠 곰은 강으로 물고기를 잡으러 나가고 없었지. 봄이었고, 강에는 물고기들이 많이 헤엄치고 있었거든. 엄마 곰은 곧 태어날 아기 곰을 기다리고 있었어.

드디어 아기 곰이 태어났어. 엄마 곰은 기뻐서 아기 곰의 털을 부드럽게 핥아 말려 줬지.

얼마 뒤, 동굴로 돌아온 아빠 곰은 예쁜 아기 곰을 보고 엄마 곰을 꼭 안아 줬어. 그리고 선물로 가져온 커다란 물고기 한 마리를 내놓았지. 아기 곰에게 젖을 먹이려면 엄마 곰은 좋은 음식을 많이 먹어야 하거든.

시간이 지나고 아기 곰은 어느새 스스로 강까지 가는 길을 알 만큼 자랐어. 어느 날, 물고기를 잡으러 간 아빠 곰이 아무리 기다려도 돌아오지 않았어. 아기 곰은 조심조심 오솔길을 따라 내려갔지만, 엄마 곰에게 어디 간다고 말하는 걸 깜빡했지. 그러다 문득 아기 곰은 자기가 길을 잃었다는 걸 깨닫고 울음을 터뜨렸어. 그때 나비 한 마리가 날아와 아기 곰의 코끝에 앉았어. 아기 곰은 금세 기분이 좋아졌지. 나무 위에 앉아 있던 부엉이도 아기 곰의 울음소리에 깜짝 놀랐어.

"부엉, 누구를 찾고 있니?"

부엉이가 물었어.

"아빠를 찾고 있어요. 그런데 어디 있는지 모르겠고, 집에 가는 길도 잊어 버렸어요."

"이런, 귀여운 아기 곰아."

부엉이가 말했어.

"네 엄마는 지금 네가 어디 있는지 다 알고 계셔."

아기 곰이 뒤를 돌아보니, 정말로 엄마 곰이 조용히 따라오고 있었어!

아기 곰은 큰 소리로 외쳤어.

"난 그냥 아빠를 찾고 싶었어요!"

"알고 있어. 자, 저기 오시는구나."

엄마 곰이 빙그레 웃으며 말했어. 그사이 아빠 곰이 강 아래에서 걸어오고 있었어. 입에는 커다란 송어 한 마리를 물고서 말이야. 세 마리 곰은 서로 꼭 껴안았어. 그러고는 맛있는 생선을 나눠 먹었지.

"다음에는 저도 같이 가도 돼요?"

아기 곰이 물었어.

"음, 두고 보자꾸나."

아빠 곰이 말했지.

"낚시는 아주 오래 기다릴 줄 알아야 하거든."

"그럼 셋이 같이 가면 어떨까?"

엄마 곰의 제안에 아기 곰은 방긋 웃었지. 나비는 즐거운 가족 곁을 맴돌며 날아다녔고, 부엉이는 아직 대낮이었지만 조용히 "잘 자."라고 인사했단다.

이야기는 여기까지야.

PART 4
이야기의 리듬 만들기

이야기는 꾸준한 연습이 필요해요. 잘하는 것은 중요한 게 아니에요. 아이와 나, 서로에게 맞는 방식으로 조금씩 조율해 나가는 것에 집중해 보는 것이죠. 이번 장에서는 시간을 어떻게 활용할지에 대해 이야기를 할게요.

일단은 매일 혹은 매주, 정기적인 시간을 정해 보세요. 무리하게 일정을 꾸릴 필요는 없어요. 단, 처음 시작하는 사람에게는 시간을 정하는 게 특히 중요해요. 그렇게 일상 속에서 자리를 잡아가다 보면 이야기의 리듬 자체가 당신과 아이를 연결해 주는 중요한 틀이 됩니다. 이야기의 80퍼센트는 이 리듬에 당신을 맡기는 것이라고 해도 과언이 아닙니다. 익숙한 시간과 장소에 둘이 함께 앉아 있다는 것만으로도 마음의 준비니까요. 잠자기 전

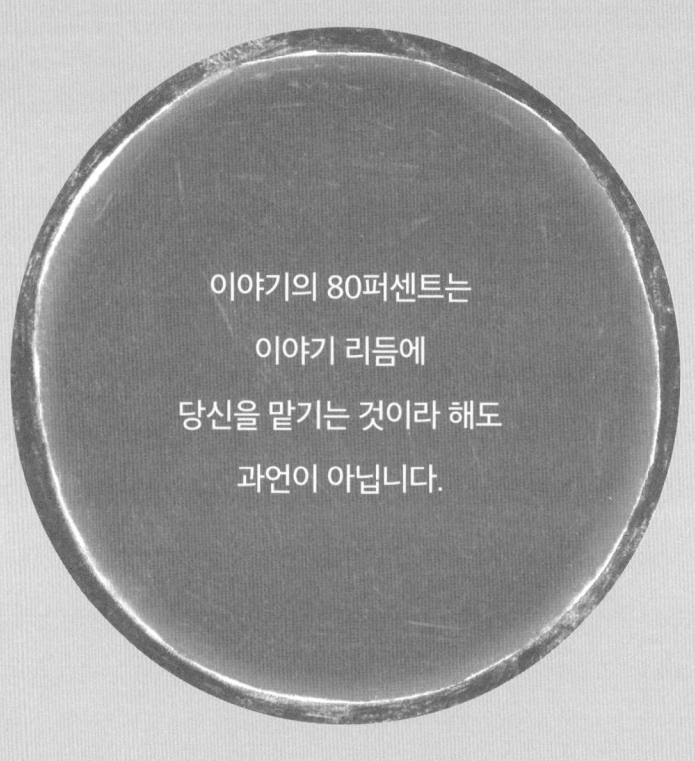

이야기의 80퍼센트는
이야기 리듬에
당신을 맡기는 것이라 해도
과언이 아닙니다.

으로 정했다면 아주 좋은 선택을 했다고 응원해 주고 싶어요. 어떤 학교에서는 점심 식사 후에 이야기를 들려주는데, 맞벌이 부부라면 주말 아침에 이야기를 들려주는 것도 방법입니다.

시간과 더불어 장소를 정해 두는 것도 도움이 됩니다. 나무 아래나 소파, 침대 머리맡처럼 특정한 장소를 정하거나, 잠자기 전 양치질과 잠옷 입기 같은 일련의 루틴 속에 이야기 시간을 넣는 것도 좋아요. 무엇보다 중요한 건 이야기의 시작과 끝에 짧은 문장이나 노래를 넣는 것입니다. 마치 신호처럼요. "옛날 옛적에……" 같은 말은 이야기 들을 준비를 하라는 신호가 되지요. 이런 종류의 신호는 마치 파블로프의 개˙처럼 아이의 마음을 이야기의 세계로 자연스럽게 이끌어 줍니다.

언어적인 신호나 루틴은 공항이나 자동차 안 같은 낯선 장소, 혹은 트라우마나 위험한 상황 속에서 특히 중요해질 수 있습니다. 아이가 불안하거나 두려움을 느낄 때, 그 감정을 다른 방향으로 돌려 주는 것이 필요할 때가 있지요. 이런 순간에 이야기는 무척 훌륭한 해결책이 되어 줍니다. 낯선 곳에서도 집이라는 공간의 편안함과 익숙함을 불러올 수 있으니까요. 그로써 아이의

• 러시아의 생리학자 이반 파블로프(1849-1936)가 수행한 고전적 조건 형성 실험에서 유래한 표현이다. 개에게 종소리를 들려준 뒤 먹이를 주는 행동을 반복한 결과, 나중에는 종소리만으로도 침을 흘리는 반응이 나타났다는 실험이다.

마음이 진정되면 부모의 마음도 함께 진정되기 마련이고요. 상황에 따라 이야기는 거의 구원처럼 느껴질 때도 있어요. 혹시 아이가 악몽을 꾼 밤이나 교통사고로 다친 경험이 있다면 그 감정을 짐작할 수 있을 겁니다. 이야기는 우리의 주의를 부드럽게 끌어당겨 안전한 곳에 머물게 해 줍니다. 그래서 우리가 상처받은 순간을 끝없이 되풀이하지 않게 해 주지요. 이럴 때 반복되는 언어적 신호를 사용한다면 단순히 이야기를 시작하는 것보다도 아이를 더 빠르게 그 '기억 속의 안식처'로 데려가는 데 효과적일 수 있어요. 그럼 어떻게 그곳에 도달할 수 있을까요?

정답은 '꾸준한 연습'입니다.

한 선생님은 짧은 노래를 불러 아이들을 이야기 속으로 초대합니다. 선원 몇 명이 배를 타고 바다로 나가는 노래지요. 20초 남짓한 짧은 노래지만, 그 멜로디 하나로 아이들은 금세 이야기 속으로 빠져듭니다. 이야기가 끝나면 "톡톡 탁, 오늘 이야기는 여기까지."라고 마무리합니다. '오래오래 행복하게 살았답니다'보다는 훨씬 재미난 표현이지요.

실케는 여러 가지 방식으로 이야기를 시작하지만, 가장 자주 쓰는 건 역시나 "옛날 옛적에……."입니다. 그녀는 '호랑이 담배 피던 시절' 같은 클래식한 도입으로 이야기하는 것을 좋아하고 자주 활용해요. 반면 조는 보다 시니컬한 스타일로, "좋아, 얘기 하나 해 줄게. 하지만 절대 좋아하면 안 돼. 웃어도 안 되고." 같은 말로 이야기를 시작합니다.

어떤 식이든 상관없어요. 자신에게 자연스럽고 쉬운 걸 고르세요. 세 단어만으로도, 한 마디 멜로디나 음으로도 충분할 수 있어요. 휴대폰 알람 소리 하나에도 마음이 요동치는 걸 생각해 보면, 짧은 구절 하나가 이야기의 무대를 마련하는 데 얼마나 강력한 도구인지 알 수 있을 거예요.

어떤 부모들은 이야기를 들려줄 시간이 없다고 느낄 수 있어요. 삶은 이미 벅차고 할 일로 가득 차 있으니까요. 여기에 뭔가를 더하는 건 도저히 불가능하지요. 하지만 우리 모두가 비슷한 어려움을 겪습니다. 그럼에도 이야기가 아이와의 유대감을 쌓고, 아이의 창의력을 이끌어 주는 도구라는 걸 깨닫는다면 이야기는 오히려 당신의 시간을 절약해 주는 전략이 된다는 걸 알게 될 겁니다. 덧붙이는 일이 아니라 줄여 주는 일이 되는 거지요. 우리는 집에서든 학교에서든 이 방법이 효과적이라는 것을 수없이 보아 왔어요. 이야기는 조화로운 친밀감을 만들어 주고, 협상과 갈등 조율에 드는 시간을 크게 줄여 줍니다. 이건 아무리 강조해도 지나치지 않아요.

> 이야기는 조화로운 친밀감을 만들어 주고, 협상과 갈등 조율에 드는 시간을 크게 줄여 줍니다.

Part 4
이야기의 리듬 만들기

특히 '전환의 시간', 다시 말해 등원 준비나 하원, 퇴근이나 귀가 같은 순간은 하루 중 가장 스트레스를 많이 받는 때입니다. 부모의 머릿속에는 할 일이 가득한데, 그런 정신없는 상태로 아이를 대하면 쉽게 짜증이 납니다. 그러다 보니 아이는 부모의 감정에 동화되어 말썽을 부리거나 울음을 터뜨리지요. 이럴 때 짧은 이야기가 가족 전체를 하나로 묶어 주는 특별한 역할을 해 줄 수 있어요. 길게 할 필요도 없고, 단 5분이면 충분합니다. 퇴근 후 현관문을 열고 들어온 지 몇 분 안 되는 그 순간에 오직 아이만을 위한 5분을 건네는 것, 그건 30분 혹은 1시간 동안 아이의 기분을 풀기 위해 애쓰는 것보다 훨씬 빠르고 깊게 서로와 연결될 수 있어요. 그 짧은 이야기는 부모인 나 자신도 긴장을 놓고 편안해지는 데 도움이 될 테고요. 이야기 시간이 끝나면 아이는 자연스럽게 자기 일을 하러 가고, 부모도 자기 일을 할 수 있는 여유가 생겨요. 모두가 '존재를 인정받았구나' 하는 느낌이 집안의 공기를 조금 더 부드럽게 만들어 줍니다.

등·하원 시간이나 친구 집에 데려다 주고 데려오는 시간은 어떨까요? 혹시 차에 태우는 시간이 늘 전쟁처럼 느껴지나요? 그럴 때 두 사람이 안전벨트를 매는 순간에만 들려주는 '특별한 이야기'가 있다면요? 오직 둘만 아는 비밀 이야기, 몇 주에 걸쳐 조금씩 이어지는 모험담을 하루 2분씩만 나누는 거예요. 이런 이야기는 단순히 '놀이는 끝났고 이제 돌아가야 해'가 아니라 '새로운 즐거운 일이 기다리고 있어!' 하는 기대감을 만들어 줘요. 장난감이나 간식으로 아이를 달래는 대신, 당신과 아이의 친밀한 연결을 쌓아 가는 겁니다. 이보다 더 중요한 일은 없을 거고요.

이야기는 이같은 순간에 아주 좋은 다리가 되어 주지요. "오늘 학교에서 뭐했어?", "오늘 회사에서 힘들었어?" 같은 면접 질문에서 벗어나 '우리 지금 이 순간을 함께 나누자'는 흐름을 만들어 주지요. 사실 우리도 그날 있었던 일을 다시 끄집어내 이야기하고 싶은 게 아니라 지금 여기서 연결되고 싶은 거잖아요. 아이든 어른이든, 누군가가 갑자기 문을 벌컥 열고 들어와 나를 향해 지나치게 강압적인 관심을 쏟아붓는 건 받아들이기 쉽지 않아요. 우리는 조금 더 천천히, 조금 더 부드럽게, 약간은 에두른 방식의 접촉을 시도해 보아요.

이야기를 나누는 일은 마치 커다랗고 말랑한 풍선 속에 인사를 감싸서 건네는 일과 같습니다. 이렇게 자리 잡힌 이야기 전환의 시간은 스트레스가 아닌, 깊은 회복의 시간이 될 수 있어요. 이야기는 더 이상 해야만 하는 또 하나의 일이 아니라 함께 숨쉬는 가장 따뜻한 순간이 될 거고요.

연습 5 + 옛날 옛적에

다음에 이야기를 시작할 때에는 기억하기 쉽고 익숙한 말이나 노래, 작은 루틴 하나를 골라 보세요. "옛날 옛적에……." 같은 시작 문구도 좋고, 짧은 노래 한 줄이나 특별한 몸짓도 괜찮아요. 이야기를 언제, 어디서 들려줄지 시험해 보는 것도 좋아요. 아침 식사 시간일 수도 있고, 잠자기 전일 수도 있지요. 침대, 소파, 자동차 안, 심지어 욕조 안도 이야기하기에 좋은 장소가 될 수 있어요. 완벽한 공식은 없지만, 이야기의 시작과 끝을 어떻게 시작하고 맺는지 조금만 더 의식하면 놀라운 변화가 생길 수 있어요. 그건 아이뿐 아니라 이야기하는 당신도 더 편안하고 열린 마음 상태로 이끌어 줄 거예요. 잘 맞는 건 품고, 잘 안 맞는 건 가볍게 흘려보내세요. 이야기는 늘 그렇게 흐르니까요.

연습 6 ✦ 무서운 악당 등장!

집 안에 긴장감이 감돌거나 금방이라도 폭풍이 휘몰아칠 것 같은 순간이 찾아오면 용기를 내어 이야기를 시작해 보세요. 본격적으로 혼란이 시작되기 전에 팔을 휘저으며 모두의 시선을 잡아끈 뒤, 그냥 이야기하세요. 이야기가 어디로 흘러갈지 몰라도 괜찮아요. 가능하다면 모두가 익숙해할 만한 예전 이야기 속 요소들을 슬쩍 가져와 넣어 보세요. 그 순간과 전혀 관련 없는 이야기여도 괜찮아요. 2, 3분만 지나도 우리의 폐와 심장은 조금씩 안정되고, 팽팽했던 분위기도 누그러지기 시작할 거예요.

이야기는 갈등을 바로 해결해 주는 도구가 아니라 친밀감을 만들어 주는 '틈'이에요. 그 친밀감 덕분에 모두가 자기 입장과 감정을 조금씩 내려놓고, 훨씬 부드럽게 다시 대화를 시작할 수 있어요. 그리고 이럴 때에는 정말 어설프고 엉뚱한 이야기들이 오히려 더 큰 힘을 발휘하기도 해요. 너무 엉망이라 웃음이 터져 버리는 이야기, 웃고 싶지 않아도 웃게 되는 순간이 우리 마음을 회복시키거든요. 만약 아이가 떼를 쓰고 있거나 지쳐서 생기를 잃은 가족이 집에 왔다면 이 방법을 한번 써 보세요.

이야기는 갈등을 분석하거나 따지는 것이 아니라 함께 머물 수 있는 안전한 땅을 마련해 줍니다.

이야기 만들기

집을 들고 다니기 싫은 거북이

실케 로즈 웨스트 지음

"선생님, 나 힘들어요. 가방 들고 다니기 싫어요! 무거워요."

네 살배기 아이가 투덜거렸습니다. 월요일 아침, 다시 학교에 돌아오는 날에는 늘 그랬지요. 그날은 모든 아이들에게 힘든 날이었습니다. 하늘은 흐리고 공기는 쌀쌀했거든요. 우리는 해피 협곡으로 가는 길이었는데, 난 그 아이가 그냥 조금 더 안고 있어 주길 바라는 마음을 알아챘어요. 그래서 우리 모두 진흙과 눈이 뒤섞인 작은 전나무 옆에 잠깐 멈췄어요.

"얘들아, 잠깐 앉아 볼까? 등에 집을 지고 다니기 싫었던 거북이 이야기, 들어 봤어?"

사실은 나도 모르는 이야기였지만, 눈앞으로 장면이 자연스럽게 떠오르기 시작했습니다. 아이들도 눈을 동그랗게 뜨고 내 얼굴을 바라보며 귀를 쫑긋 세웠지요.

* * *

옛날 옛적에, 엄마 거북이 뒤를 따라가는 아기 거북이가 있었어. 그 아기 거북이는 거북이로 사는 게 지겨웠어. 자기 등에 집을 짊어지고 다녀야 하는 것도 싫었지.

"엄마, 나 거북이로 살기 싫어요. 왜 나는 사슴이나 스컹크가 될 수 없는 거예요? 그럼 이렇게 무거운 걸 들지 않아도 되잖아요. 그냥 숲속으로 들어가서 자유롭게 뛰어다닐 수 있을 텐데요."

그러자 다정한 엄마 거북이가 대답했어.

"얘야, 시간이 지나면 알게 될 거란다. 무섭고 크고 위험한 걸 보러 가고 싶니?"

책가방이 무겁다고 불평하던 꼬마 아이는 상상 속 괴물과 싸우는 걸 좋아했어요. 용감하고 영리한 전사가 되는 걸 말이에요.

"응, 보고 싶어요."

아기 거북이가 말했어.

"그래."

엄마 거북이가 빙그레 웃으며 말했어.

"그런데 그곳에 가려면 네가 네 집을 등에 지고 있어야 한단다."

"알겠어요."

아기 거북이가 대답했어. 그러고는 천천히 엄마를 따라 스라소니가 돌아다니는 곳으로 향했어. 엄마는 스라소니를 두려워하지 않았어. 전에 여러 번 마주친 적이 있었는데, 자기 등껍질이 아주 훌륭한 보호막이 되어 준다는 걸 알고 있었지.

엄마는 당당한 발걸음으로 자신 있게 앞서갔고, 아기 거북이는 그 뒤를 바삐 따라갔어. 그사이 스라소니는 거북이 고기를 먹을 생각에 신이 나서 엄마 거북이를 보자마자 펄쩍 달려들었어. 엄마 거북이는 재빨리 머리와 다리를 등딱지 안으로 숨기고 조용히 때를 기다렸어. 아기 거북이도 엄마를 따라 똑같이 했지. 스라소니는 아기 거북이에게도 덤볐고, 심지어 공중에 던지기까지 했어. 그럼에도 아기 거북이는 안전했어. 스라소니가 혀로 아기 거북이의 코를 핥았지만, 아무리 해도 그 단단한 껍질을 뚫지는 못했지.

"내 등에 집이 있어서 정말 다행이에요! 이 집이 날 지켜 줬어요!"

아기 거북이가 말했어. 그러자 스라소니는 소리쳤지.

"흥! 나 원래 거북이 고기 안 좋아해! 사슴이나 스컹크나 사냥해야지. 걔넨 이렇게 단단하고 멍청한 껍질이 없거든!"

잠시 시간이 지나고 주위가 조용해진 뒤, 아기 거북이는 머리를 내밀고 엄마 거북이에게 말했어.

"엄마, 등에 짐을 지고 다녀야 하는 게 힘들지만, 나를 지켜 주는 집이 있어서 정말 좋아요."

"그렇지, 얘야. 엄마도 그래."

이 짧은 이야기는 우리 모두에게 잠시 쉴 시간을 주었고, 다정하고 따뜻한 방식으로 아이의 주의를 다른 곳으로 돌렸습니다. 아이는 자신이 이해받았다고 느낀 모양이에요. 이야기가 끝난 뒤, 아무런 불평 없이 계속 걸었습니다. 투덜거림도, 걷는 것도, 책가방도 모두 이 이야기를 시작하게 한 다리가 되어 주었습니다. 아이들은 이런 상황 속에서 이야기를 듣는 데 익숙해요. 그래서 제가 "얘들아, 이런 이야기 들어 본 적 있어?"라고 운을 띄우면 자연스럽게 주의가 집중됩니다. 억지로 시키지 않아도 말이지요.

　동물들은 이런 이야기 속에서 훌륭한 도우미가 되어 줍니다. 동물이 등장하면 아이는 이야기를 안전한 거리에서 바라볼 수 있고, 위협도 없이 편안하게 들을 수 있습니다. 만약 "어느 날 어떤 아이가 책가방을 들기 싫어했어요."처럼 이야기의 연결이 너무 직접적이면 아이는 자신이 지목받았다고 느끼고 마음을 닫아 버릴 수 있습니다. 이야기 마지막에 나오는 행복한 결말 덕분에 그 전까지 힘들고 어렵게 느꼈던 일에서도 아이는 용기와 위안을 얻을 수 있었습니다. 이것이 바로 '이야기 고리'입니다. 실제 상황이 상상 속 이야기로 이어지고, 그 이야기가 다시 현실에서 새로운 의미와 목적을 부여해 주는 것이지요.

PART 5

이야기의 기본 요소들

앞선 이야기를 통해 이야기하는 능력에 대해 자신감을 가졌길 바랍니다. 이야기를 들려주는 능력은 우리 안 깊숙이 자리한 것이고, 인간이라면 누구나 타고난 재능입니다. 보스턴 마라톤 대회˙에서 우승한 마라토너가 뛰는 걸 멈출까요? 한번 흥행에 성공했다고 감독이 영화 만드는 걸 그만둘까요? 아니요, 그들은 끊임없이 뛰고 차기작을 고민합니다. 마찬가지로 우리가 이야기를 멈춰야 할 이유는 없어요. 우리의 목표는 픽사˙˙에 입사하는 게 아니라 아이와 연결되는

- 1897년 시작된 세계에서 가장 오래된 마라톤 대회로, 매년 미국 매사추세츠주 보스턴에서 열린다.
- 「토이 스토리」, 「업」, 「인사이드 아웃」 등으로 잘 알려진 미국의 애니메이션 제작사로, 2006년 디즈니에 인수되었다.

것이니까요.

 이 장에서는 이야기의 다리를 단단히 세운 여러분께 성공적으로 이야기를 만들기 위한 고전적인 도구들을 소개하려고 합니다. '작은 존재들이 살아가는 커다란 세계', '색깔·모양·질감', '인형과 소품', 그리고 '주제 발전시키기'의 네 가지 방법으로 구성했고요. 각 방법마다 실전 연습을 담았으며 마지막에는 모든 내용을 하나로 엮는 예시 이야기도 수록했습니다.

작은 존재들이 살아가는 커다란 세계

 가장 오래도록 사랑받아 온 이야기 기법 중 하나는 평범하고 단순한 사물 안에 아주 작은 존재들이 살고 있다고 상상하는 방식입니다. 이 기법은 영화 「애들이 줄었어요˙」나 『걸리버 여행기』, 『구두장이와 꼬마 요정』, 『호튼˙˙』 등 수많은 고전 문학에서 발견할 수 있지요. 1장 '이야기 고리'에서 소개한 「쇠 파이프 요정」도 좋은 예입니다. 고전 문학에는 소인, 꼬마 요정, 트롤이 자

- ˙ 1989년 개봉한 디즈니 실사 영화로, 발명가 아버지가 실수로 자녀들을 손톱만 하게 줄어들게 만들면서 벌어지는 모험을 그린 가족 SF 코미디 영화이다.
- ˙˙ 닥터 수스가 쓴 그림책으로, 보이지 않는 존재도 존중받아야 한다는 메시지를 담고 있으며 '작아도 존재한다 A person's a person, no matter how small'는 구절로 잘 알려져 있다.

주 등장했는데 오늘날에도 이들은 여전히 관심의 대상입니다. 작은 동물을 의인화한 이야기를 비롯해 '작은 존재들이 살아가는 커다란 세계'는 어린이 문학의 풍요로운 자원입니다. 이 기법을 잘 활용해 보세요.

물론 모든 아이가 요정을 좋아하는 건 아닙니다. 이 장의 핵심은 특정한 사물이나 사건에 아이의 주의를 기울이게 하여 그 안에 담긴 상상력과 창의성을 발견하도록 돕는 데 있으니까요. 이를 위한 가장 효과적인 방법 중 하나는 "이 돌 속에는 작은 요정이 살고 있어."라는 식의 이야기를 꺼내어 그 돌 속의 세계가 어떤 모습일지 함께 상상해 보는 것입니다. 겨울 아침에 눈썰매를 타러 가는 개미들의 이야기일 수도 있고, 오렌지 껍질의 움푹 파인 홈을 따라 스케이트보드를 타는 세균 이야기일 수도 있어요. 꼬여 버린 RNA 서열의 이야기도 따지고 보면 『마법사의 제자●』와 크게 다르지 않지요. 예를 들어 생각해 볼까요? 구름 속에 모여 있다가 비가 되어 내리고, 다시 수증기로 증발해 엘리베이터를 하늘로 타고 올라가는 물의 요정 이야기는 '물의 순환'을 보여 줍니다. 그러나 이야기를 통해서라면 단순한 정보 전달로

● 시인 요한 볼프강 폰 괴테가 1797년에 쓴 서사시로, 마법사의 제자가 주인의 주문을 흉내 내다 통제하지 못하여 혼란을 일으키는 이야기이다. 이 작품은 1940년 디즈니 영화 「판타지아」에서 미키 마우스를 주인공으로 한 애니메이션으로 유명해졌다.

그치지 않고 훨씬 더 생생하고 흥미롭게 지식을 전달할 수 있어요. 재능 있는 이야기꾼은 이 단순한 전략을 통해 세상 어떤 것으로든 아이의 호기심을 일깨우고 주의를 집중시킵니다.

연습 7 ✛ 작은 것을 크게 만들어 보기

작거나 중간 크기의 물건 하나를 골라 보세요. 이 물건은 이야기 속에서 다리 역할을 해 주는 것이므로 아이가 잘 아는 물건이면 더 좋겠지요. 이제 그 안에 어떻게 생겼는지 상상해 볼까요? 혹은 크기 감각이 완전히 뒤바뀐 세상을 떠올려 보아요. 그 안에 살고 있는 아주 작은 사람들, 요정들, 벌레들 같은 존재들이 어떻게 말할지 상상하면서요.

지구본이 있다고 가정해 봅시다. 아주 작은 벌레에게 그건 정말 '진짜 세상 전부'일 수 있어요. 그 벌레는 바다를 건너 항해를 떠날 수도 있을 거예요. 아니면 집에 있는 텔레비전은 어때요? 텔레비전 화면이 꺼지면 드라마 속 등장인물들이 그 안에서 뭘 하고 있을지 상상해 보는 거예요. 찬장 속 생쥐 이야기나 나무 구멍에 사는 다람쥐 이야기로 시작해도 좋습니다. 작은 것 하나로도 아주 넓고 깊은 이야기 세계를 열 수 있어요. 지금 그 문을 열어 보세요.

색깔·모양·질감

이야기는 색과 냄새, 소리와 질감으로 가득 찰 때 생생하게 살아납니다. 묘사하는 언어는 아이의 주의를 끌고, 이야기 속에 머무르게 하는 힘이 있지요.

진화 이론가 브라이언 보이드는 『이야기의 기원』라는 책의 결론으로 인간의 진화에서 '주의 집중'이 얼마나 중요한 역할을 했는지를 강조합니다. 그는 인간이 사회적 존재라서 아주 미묘하거나 노골적인 방식으로 항상 서로의 관심을 얻기 위해 애쓴다고 말하지요. 가장 많은 관심을 받는 사람이 사회적으로 더 높은 위치에 오르는 경우가 많다면서요. 하지만 이런 사회적 우위, 다시 말해 존중은 힘이 아니라 '매력'으로 만들어져요. 우리는 이걸 이야기 속에서 잘 활용해야 하고요. 이야기 속의 놀람, 색감, 움직임, 빠르기의 변화, 뜻밖의 전개 같은 것들은 단순히 주의를 끄는 것을 넘어 그 주의를 계속 붙잡아 두는 데에도 아주 중요하거든요.

글로 쓰는 이야기에서는 '갑자기'로 문장을 자꾸 바꾸면 조금 어색하게 느껴질 수 있습니다. 하지만 말로 들려주는 이야기에선 다르지요. 이야기를 흥미롭게 만들기 위해 우리는 끊임

> 이야기를 들려주는 건 아이에게 자신만의 상상 속을 거닐 수 있는 길을 열어 주는 일이에요.

없이 아이의 주의를 새롭게 환기시켜야 해요. 그러려면 꼬리에 꼬리를 물고 미스터리한 사건들이 연쇄적으로 일어나야 합니다. 오늘날 우리는 영화감독이나 애니메이션 작가들의 스토리텔링과 경쟁하고 있는 시대에 살고 있어요. 우리 이야기에도 반짝임이 필요해요. 다행히 상상력은 그걸 가능하게 해 주지요.

이야기를 들려주는 순간, 아이는 자기 마음속에서 상상 속으로 스스로 걸어 들어갑니다. 그 마음속과 상상 속에 색깔과 맛과 질감을 불어넣을수록 그 이야기 공간은 훨씬 더 풍부하고 흥미로운 곳이 되지요. 등장인물이 강물 속에 들어가야 한다면, 강물이 따뜻한지 차가운지 잠깐 짚어 주세요. 이때, 강물 묘사에 오랜 시간을 들일 필요는 없어요. 리듬을 바꿔 줄 정도면 충분해요. 잠시 등장인물이 발끝을 물에 담그는 순간부터 시작되는 그 기대 섞인 설렘을 떠올려 보세요. 이어서 무릎, 무릎 뒤쪽, 허벅지, 허리까지 물이 차오르고 마침내 배꼽마저 물에 잠기는 그 오싹한 순간을 놓치지 마세요! 그리고 어깨, 목, 입술, 코, 눈, 이마까지…… 세상에, 대체 어디까지 물이 차오르는 거야? 놀라다가 결국 풍덩, 강물에 빠져 버리는 것이죠!

찰나의 순간을 길게 늘이고, 갑작스럽게 장면을 전환하고, 색감과 소리로 살아 움직이게 하는 것만으로도 아이는 자신만의 상상 세계에 완전히 몰입합니다. 그리고 '이야기 고리'를 통해 그 상상과 흥분을 다시 현실로 가지고 나올 기회를 얻게 되지요.

연습 8 + 동굴 속으로 들어가기

이야기에서 동굴은 자주 등장합니다. 동굴은 어두컴컴하고 신비로운 공간을 상징하지요. 이번 연습에서는 인물, 사건, 장소 중 하나를 고르고 그 안에서 동굴로 들어가는 이야기를 만들어 보세요. 주인공이 그 동굴 안으로 들어가면 모든 것이 까맣게 변해요. 안쪽 깊숙한 곳, 동굴 끝에 다다르면 아주 작고 희미한 빛이 보여요. 어쩌면 어떤 소리가 들릴지도 몰라요. 그 빛을 향해 걸어가 보세요. 그러다 갑자기 모든 것이 환하게 밝아집니다. 그 순간 보이는 것들을 환상적이고 구체적으로 묘사해 주세요. 아이가 만약 무서워한다면 이야기를 통해 꼭 두려움을 해소하고 따듯한 위안을 담아 주세요. 아름답게 흘러간다면 잠깐 멈춰 그 순간을 함께 누려도 좋아요.

결론이 어떤 식으로 풀리든, 이야기가 끝날 때에는 주인공이 다시 바깥세상의 빛으로 나와야 합니다. 동굴을 빠져나와 현실로 돌아오는 그 흐름이 아이에게 새로운 감각과 감정을 안겨 줄 수 있거든요.

인형과 소품

인형극은 그 자체로 한 권의 책이 될 만큼 깊이 있는 주제입니다. 안타깝게도 인형극에 관련된 책들은 대부분 '인형 만드는 법'에만 집중되어 있어요. 인형으로 '이야기하는 법'에 대해서는 잘 다루지 않지요. 몇 안 되는 책들도 대개는 전문가들을 위한 책들이고요.

이 장에서 우리가 하고자 하는 일은 정교한 인형극 무대를 만들도록 도와주는 게 아닙니다. 오히려 아이가 있는 집이라면 있을 법한 작은 소품들을 활용하여 초보자도 쉽게 활용할 수 있는 인형 이야기를 만들 수 있도록 도와주는 거예요.

인형은 꼭 특별한 것이 아니어도 돼요. 작은 인형 하나일 수도 있고, 장난감 자동차일 수도 있어요. 손에 쥐고 캐릭터의 시선으로 창틀이나 잡동사니 서랍을 탐험해 보는 것만으로도 이야기가 시작될 수 있어요. 어떤 사람들은 인형에 성격을 불어넣어 이야기하는 게 더 편하다고 느끼기도 합니다.(그렇지 않다면 이 부분은 건너뛰어도 괜찮습니다.) 인형의 목소리로 이야기를 들려주면 이야기 속에 더 쉽게 빠져들 수 있어요. 주방에 나뒹구는 못난이 당근도 인형이 될 수 있을 거예요. 피크닉 담요 위를 콩콩 뛰어다니며 먹을 걸 찾는 당근이라면요. 이야기 고리를 따라가다 보면 이 인형은 곧 현실 세계와 연결되는 다리가 됩니다. 이야기가 끝난 뒤, 아이는 그 인형이 만든 세계 속에서 이야기를 이어 가게 되지요. 방금 전까지 서랍 속에서 탐험하던 인형과 아이는 소파 밑에도 다른 세계가 있는지 찾아보기 시작할지도 몰라요.

이런 '테이블 인형'은 즉흥적으로 생겨나는 경우가 많지만, 좀 더 의도적으로 확장해서 사용할 수도 있어요. 예를 들어 인형 두세 개와 연못이나 나무, 집을 대신할 돌 같은 소품들을 테이블 위에 놓고, 인형들이 연못까지 걸어가서 오리 친구를 만나는 이야기를 해 볼 수 있어요. 이야기가 끝나면 그 장면 전체를 아이에게 넘겨주세요. 아이는 같은 이야기 구조를 반복하면서 새로운 요소와 캐릭터를 추가해 가며 자신만의 이야기를 만들어 나갈 거예요. 이렇게 장난감, 인형, 소품 들은 이야기를 끌고 가는 중요한 닻이 되어 줍니다. 그것을 아이에게 넘겨줄 때, 우리는 단순한 장난감이 아니라 상상으로 살아 있는 이야기를 건네주는 것이랍니다. 아이가 지루하다고 투정할 때나 뭘 해야 할지 모를 때, 이런 인형 이야기는 정말 좋은 해결책이 될 수 있습니다.

초보자에게는 양말 인형도 아주 쉽고 좋은 도구입니다. 오래된 양말을 손에 끼우고 눈 두 개만 그려 주면 돼요. 입을 열고 닫으며 "아~.", "오~." 하는 간단한 소리만 내도 어른까지 웃게 만들 수 있어요. 그러다 준비가 되면 인형에게 목소리를 주고 이야기를 시작해 보는 겁니다.

어린아이들은 인형을 아주 좋아합니다. 왜냐하면 인형이 '진짜가 아닐지도 모른다'는 의심 같은 건 하지 않거든요. 인형이라는 '제3의 존재'와 아주 자연스럽게 연결되고, 그 사이에서 이야기를 들려주는 부모의 존재는 살짝 뒤로 물러나게 돼요. 좋은 인형극의 비밀은 바로 '자신을 지우는 것'. 그래서 인형, 특히 단순한 인형은 이야기 초보자에게 정말 유용한 도구가 되어 줍니다. 인형이 중심이 되다 보니 말하는 사람은 부담이 줄고, 부끄러움을 많이 타는 사람도 편하게 이야기할 수 있어요.

인형을 아이의 친구처럼 상상해 보세요. 놀러 온 친구일 수도 있고, 멀리서 찾아온 할머니일 수도 있어요. 혹은 아이가 갖고 싶어 했던 강아지를 대신하는 강아지 인형일 수도 있지요.

"멍멍! 나, 오래된 양말 같아." 강아지가 말하고 아이가 깔깔 웃어요.

"귀랑 꼬리가 있었으면 좋겠어."

아이가 자신의 의견을 말해요. 그리고 우리가 기다렸다는 듯이 대답하지요.

"우리 한번 만들어 볼까?"

그러고는 강아지와 함께 천 조각을 찾아다니고, 눈 위에 귀 두 개를 달아 줘요.

"멍멍! 귀가 생기니까 훨씬 좋아졌어! 이번에는 혀를 만들어 볼까?"

인형으로 이야기를 들려줄 때는 중간에 잠깐 멈추는 것도 좋은 방법입니다. 인형이 아이에게 질문을 던지면 아이는 자연스럽게 대답하면서 이야기 속으로 들어오게 되거든요. "너, 강아지 키워 본 적 있어?"라는 질문에 아이가 "아니요." 하고 대답하면, 강아지가 말해요. "나도 나랑 산책해 줄 아이가 있으면 좋겠어. 훌라후프도 배우고 싶고! 같이 서커스에 가서 사람들을 웃게 만들고 박수도 받고 싶어. 멋지지 않아?" 이렇게 아이와 이야기의 공동 창작자가 되어 인형과 함께 대화를 만들어 갑니다. 이야기꾼은 그 흐름에 반응만 해 주면 되니까 훨씬 편해지지요.

인형은 어려운 상황에서 중재자 역할을 하기도 합니다. 만약 아이가 강아지를 무서워한다면 강아지 인형을 활용해서 이야기를 만들어요.

"안녕? 난 점박이야. 넌 이름은 뭐니? 난 착한 강아지인데, 사실 아이들이 조금 무서워. 너는 착한 아이야? 내 꼬리 안 잡아당길 거지? 어머, 나 꼬리도 없네! 나 공놀이 좋아하는데, 너도 공놀이 좋아해? 어떤 아이가 내 꼬리를 잡아서 내가 어떻게 꼬리를 잃었는지 이야기해 줄까?"

이런 이야기는 아이가 안전한 공간 안에서 자기감정을 표현

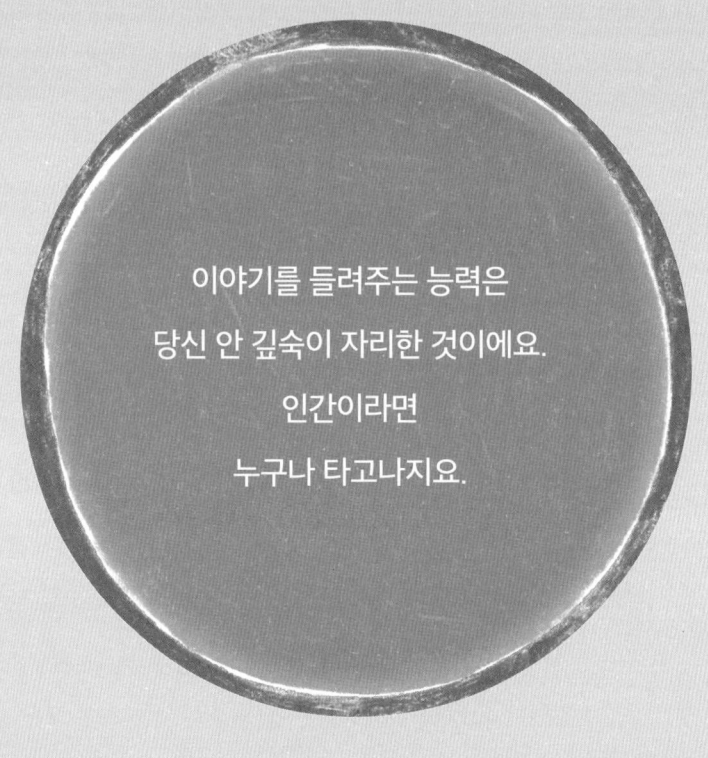

이야기를 들려주는 능력은
당신 안 깊숙이 자리한 것이에요.
인간이라면
누구나 타고나지요.

하고 풀어 낼 수 있는 기회를 줘요. 아이가 어른에게 화가 나 있거나 말을 듣지 않으려고 할 때도 그냥 점박이를 보내 보세요. 그리고 이야기가 끝날 때는 점박이가 이렇게 말해요.

"이제 가야 해. 하지만 꼭 다시 올게."

이번에 처음 나왔던 인형이라면 인형이나 장면을 아이에게 넘겨서 놀이를 계속하도록 하면 좋아요. 하지만 인형은 살짝 사라지는 마법이 있어야 캐릭터로서 생명력을 오래 유지할 수 있어요. 이 인형은 아이의 장난감이 아니라 이야기꾼의 도우미로 남는 게 중요하거든요.

다음 날 아침, 아이가 학교 갈 준비를 하기 싫어한다면 이렇게 말해 보세요. "점박이가 차에서 기다리고 있어. 학교 가는 길에 네 옆에 앉고 싶대. 운전하는 동안 이야기 하나 해 줄까 봐." 그리고 차에 올라탔을 때, 점박이는 오늘 아침에 무슨 일이 있었는지 다 알고 있다고 말해요. 오늘 아이가 안 오는 줄 알고 걱정했다는 말도 덧붙이고요. 아이가 학교에 도착하면 엄마(또는 아빠)와 점박이에게 작별 인사를 할 거예요. 그리고 오후에 점박이를 다시 만날 생각을 하면서 웃지요.

아이가 인형 놀이를 정말 좋아한다면 인형을 하나 만들어 보세요. 그러면 이제 아이와 나, 둘만의 인형을 갖게 되고, 인형들끼리 이야기를 나누거나 모험을 떠날 수 있어요. 상자 하나만 있으면 간단한 인형극 무대도 만들 수 있어요. 공연을 시작하는 노래 한 곡, 관객을 위한 티켓 한 장……. 다양한 인형을 모아서 작은 컬렉션을 만들어도 재미있어요. 가능하다면 인형은 양육자가 직접 만들어 주는 것이 좋아요. 만드는 과정 속에서 빚어지는 이야기의 마법이 훨씬 오래 살아남거든요. 물론 시중에서 파는 건 그 나름의 이야깃거리가 될 테지만요.

그리고 꼭 기억해 주세요. 이야기 속 인형은 떠나거나, 숨거나, 특별한 장소에 머무는 존재일수록 훨씬 더 큰 힘을 가질 거예요. 따라서 아이의 장난감 무리 속에 아무렇게나 섞이지 않도록 조심해요. 이야기에 꼭 필요한 인형의 특별함이 사라지면 안 돼요.

사실 실케는 인형 공예가이기도 합니다. 그녀는 커다란 여행 가방을 하나 가지고 다니는데, 그 안에는 나무, 천, 펠트, 철사, 도토리, 양모, 뜨개실 등으로 만든 용, 왕, 할머니, 경찰, 남자아이, 여자아이, 오징어, 새 등 온갖 인형들로 가득하지요. 이 인형 가방은 전 세계를 다녔고, 아이들은 그 가방을 보는 순간 벌써 특별한 무언가가 시작된다는 걸 알아차립니다. 물론 이야기 초보자에게는 상상도 못 할 일이죠. 다만 실케의 인형 이야기를 통해 여러분이 당장 실천해 볼 수 있는 아이디어를 하나라도 얻으면 좋겠어요.

실크 천이나 천 조각으로 간단하게 마리오네트˙도 만들 수 있는데, 마리오네트는 아주 고운 분위기를 풍깁니다. 특히 잠자기 전, 방 안의 불을 끄고 촛불을 하나 켠 상태에서 사용하면 정말 좋아요. 인형이 자장가를 부르며 짧은 이야기를 들려주고, 아이가 편안히 잠들도록 도와줄 거예요. 인형이 그날의 걱정을 그러모아 가져갈 테니 꿈 요정들에게 "이제 올 시간이에요."라고 말해 주는 건 어떨까요?

걱정 인형은 자투리 천 조각만 있으면 아주 간단하게 만들 수 있어요. 우선 천을 삼각형으로 잡고 가운데를 살짝 집어서 머리를 만들어 묶어 준 다음, 양쪽 끝을 매듭 지어 손을 만들어요. 그러고 나서 머리와 양팔을 실 세 가닥으로 연결하면 간단한 마리오네트가 완성됩니다. 손끝에서 움직이는 마법이 시작되는 것이지요.

마지막으로 인형에 대한 이야기를 하나 더 들려 드릴게요. 랜돌프는 이 책만 한 크기의 손뜨개 인형입니다. 손에 들면 아이들을 향해 웃으며 자기 발에 난 구멍을 보여 줘요.

"아, 나를 만든 사람이 바느질을 좀 엉성하게 했나 봐요. 근데 괜찮아요!"

- 실이나 줄을 이용해 조종하는 인형으로, 주로 극장에서 인형극을 공연할 때 쓴다.

"찢어져도 더러워져도 난 괜찮아요. 근데 이것 좀 봐요! 여기 붓이 있네요!"

랜돌프는 조금 장난기가 있어요. 붓을 들고, 자기가 제일 좋아하는 색을 골라 종이 위에서 춤을 추듯 붓을 움직여요.

"빗자루로 청소하는 것 같아요!"

신이 나서 춤을 추는 랜돌프는 보면 아이들도 신이 나요. 그림 그리기 자체로 이야기가 되는 순간을 맞아 보세요.

연습 9 + 목소리를 바꿔 보세요

목소리를 바꾸는 연습은 약간의 용기가 필요합니다. 인형이나 작은 피규어, 또는 사과처럼 생명 없는 물건에 빗대어 시작해도 괜찮아요. 당신과는 성격이 전혀 다른 존재처럼 느껴지는 걸 하나 골라 보세요. 그리고 그 인형이나 사물이 아이에게 이야기를 들려주는 거예요.

만약 당신이 평소에 꽤 긍정적인 사람이라면, 아무것에도 흥미 없어 보이는 축축 처진 슬픈 바나나를 골라도 좋아요. 당신이 차분한 성격이라면 조금 과감하게 레이싱카를 찾아봐도 좋고요. 무엇을 선택하든, 그 캐릭터가 당신 대신 이야기를 들려줄 수 있도록 해 보세요. 당신의 이야기가 아닌 캐릭터의 이야기니까요. 내가 아닌 대상에 집중하는 사이, 이야기는 한층 더 풍성해질 거예요.

주제 발전시키기

이야기를 자주 들려주는 사람들은 보통 하나 이상의 '주제'를 가지고 있습니다. 예전에 여러 번 모험을 떠났던 익숙한 등장인물일 수도 있고, 왕이 사는 성이나 마술사 마을 같은 반복적인 배경, 혹은 요정이나 소인들이 지키는 어떤 '세계의 규칙'일 수도 있어요. 그런 익숙한 주제 속으로 다시 들어간다는 건, 이야기 세계로 가는 지름길을 택하는 것과 같아요. 물론 한 편의 이야기만으로는 도달하기 어려운 깊이나 뉘앙스를 만들 때도 있어요. 한 주제를 너무 반복하면 닳고 닳아 버리기도 하지요. 가끔은 섞어서 새롭게 하는 것도 좋은 연습이 됩니다.

우리는 특별히 잘 풀린 이야기 하나에서 주제를 발전시키곤 합니다. 그 이야기 속 등장인물들을 그대로 데려와 새로운 모험을 떠나게 하고, 몇 번 반복해서 이야기하다 보면 주요 배경이나 기본 규칙 같은 것도 자연스럽게 만들어져요. 이렇게 하나의 '이야기 세계'를 만들어 가고, 이야기 주제 안에는 언제나 우리 마음 깊이 자리한 '가치'들이 깃들어 있어요. 다음에 나오는 예시처럼요.

우리가 함께 이야기를 들려주기 시작했을 때, 아주 재미있는 충돌이 있었어요. 실케는 왕과 여왕, 왕자와 공주 이야기를 정말 좋아했어요. 그녀는 마치 중세 마을을 한 손에 들고 있는 사람처럼 제빵사, 방앗간 주인, 용, 마법사를 두루 부리면서 이야기를 만들어 갔어요. 반면 현실적이고 비판적인 성향의 조는 그런 이야기를 받아들이기가 쉽지 않았어요. 실케가 들려주는 이야기 주제는 너무 낡았고, 계급과 성차별적인 이야기라고 느꼈거든요. 그때부터 흥미로운 과정이 시작됐어요. 이야기 속에서 대화를 나누는 방식으로, 서로의 가치와 전제를 하나하나 꺼내 보고 다듬어 나간 거예요.

매일 점심 식사 후의 일과처럼 우리는 아이들에게 이야기를 들려줬습니다. 실케가 먼저 이야기를 시작하고, 조가 이어서 마무리하는 방식이었지요. 우리는 많은 가치를 공유했지만, 이야기를 들려주는 방식은 정말 달랐어요. 그 결과로 나온 이야기들은 아주 독특한 결합물이었지요. 어떤 건 마법처럼 날아올랐고, 어떤 건 거인이 내리누르는 것처럼 와르르 쓰러졌어요. 그 밑바탕에는 서로 말로는 다 하지 못할 만큼 우리 둘을 이어 주는 분명한 이야기가 있었어요. 우리 삶을 깊이 아우르는 주제와 가치에 대한 이야기였지요.

실케에게 중세 마을은 굉장히 의미 있는 비유였어요. 독일의 시골 마을에서 자란 그녀의 삶과 맞닿아 있었고, 한 사람의 내면 전

*
이야기 주제에는 언제나 우리 마음 깊이 자리한 '가치'들이 깃들어 있어요.

체를 상징하는 장치와도 같았거든요. 각 인물은 하나의 원형을 대표했어요. 왕과 여왕은 폭군이 아니었고, 존재 전체를 돌보고 다스리는 책임자였어요. 용은 악당이 아니라 어둡고 신비로운 힘을 가진 꼭 필요한 존재였어요. 제빵사는 늘 먹을 것을 생각했고, 농부는 전쟁이 나든 가뭄이 오든 언제나 씨를 뿌렸지요. 공주들은 예쁜 옷만 입는 존재가 아니었어요. 날카로운 눈으로 진실을 향해 돌진하는 존재였습니다. 마치 기사가 창으로 갑옷을 꿰뚫듯이요. 그리고 이 모든 원형들은 저마다의 역할이 있었고, 실패도 하고 탈선도 했지요.

실케의 이야기를 발전시킨 조의 이야기는 그가 자라온 도시적 배경과 깊이 연관되어 있었어요. 조가 이야기 속에 자주 넣은 주제는 '개인의 자율성'이었어요. 그는 이야기 속에서 공주와 방앗간 주인의 자율성과 자기 표현을 추구했어요. 물론 그 대가로 외로움을 감수해야 할 때도 있었지만요. 그렇게 우리는 서로에게서 아주 많은 걸 배웠어요. 대부분은 말로 표현되지 않았지만, 우리의 이야기들은 계속 자라났어요. 아이들은 이 과정을 직접적으로 인식하진 않았어요. 하지만 시간이 지나며 그 이야기들이 어떻게 달라지는지를 느낄 수 있었고, 그 속에서 자신만의 주제와 가치를 탐험해 나갔지요.

연습 10 + 찬장 열기

이번 연습에서는 찬장을 열고, 안에 들어 있는 음식 하나하나가 스스로 말하게 해 보는 겁니다. 과연 그 안에는 어떤 이야기가 숨어 있을까요? "여긴 아니에요." 땅콩버터가 말해요. "너무 끈적거리고 느려요." 파스타가 말해요. "뜨거운 욕조에 들어가서 몸 좀 풀자." 초콜릿은 속삭여요. "쉿, 나 여기 있으면 안 돼." 스파게티랑 리가토니는 서로 뭐라고 다툴까요? 오트밀은 무슨 말을 하고 있을까요?

아이는 익숙한 곳에서 자신이 이미 잘 알고 있는 캐릭터들이 가득하다는 걸 발견할 수 있어요. 그들을 통해 하나의 주제를 만들어 보세요. 각각의 주제는 끊임없이 이야기 속에서 살아날 수 있는 소중한 씨앗이 될 거예요.

이야기 만들기

말썽발이 다람쥐

실케 로즈 웨스트 지음

이 이야기는 어느 날 차를 기다리는 아이들에게 즉흥적으로 들려준 것으로 시작해요. 그리고 그날로부터 일 년 동안 조금씩 자라난 이야기입니다.

그날 내 차 뒷좌석에는 남매가 앉아 있었어요. 지루함을 못 이긴 아이들은 서로 놀리며 장난을 치다가 결국 여동생이 오빠를 발로 차고 말았어요. 몇 번이나 말려도 멈추지 않아서 나는 조용히 이야기를 꺼냈어요.

★ ★ ★

말썽발이 다람쥐 얘기 들어 본 적 있어? 음, 사실 그 다람쥐 이름이 처음부터 말썽발이는 아니었어. 엄마가 아주 예쁜 이름을 지어 줬거든. 그런데 어릴 때부터 지나가는 동물마다 발로 차는 걸 좋아했어. 자기가 웃긴다고 생각한 거지. 당연히 다른 동물들은 그걸 안 좋아했어. 어떤 동물은 으르렁거리고, 어떤 동물은 쉭쉭 소리를 냈지. 그러다 나중에는 다들 그 다람쥐를 피해 다녔어. "말썽발이 온다, 어서 도망쳐!"라고. 그렇게 자꾸 '말썽발이'라고 부르다 보니까, 원래 이름은 아무도 기억하지 못하게 됐어. 심지어 다람쥐 자신도 말이야.

초반에는 아이들 사이에서 실제로 벌어졌던 상황을 이야기 속에 자연스럽게 녹여 냈어요. 내가 아이들이 지켜보고 있다는 느낌은 주되, 평가하고 있다는 압박은 가하지 않도록 도와줍니다. 이야기 속 인물이 그 부담을 대신 짊어지고, 아이는 앞으로 어떤 일이 펼쳐질지 기대하며 이야기에 몰입하지요. 바로 이 지점에서 우리는 갈등에 머물러 있는 현재를 마주하고, 그에 대한 해결의 실마리를 함께 찾아가기 시작합니다.

"엄마, 내 이름이 뭐였지?"

다람쥐가 물었어. 그러자 현명한 다람쥐 엄마는 직접 알아 오라고 했어. 그러면서 견과류가 가득 든 자루를 하나 쥐여 줬지. 말썽발이는 너구리한테 갔어.

"내 이름이 뭐야?"

"말썽발이지, 뭐야."

너구리가 말했어.

다람쥐는 곰이 사는 동굴에도 갔어. 곰은 이렇게 말했지.

"네 이름은 숲 전체에 소문이 다 났는걸? 너도 알 텐데?"

그러다 어느 날, 참나무 숲을 지나던 다람쥐는 나무뿌리에 걸려 넘어졌어. 발을 다쳐서 울고 있었는데, 오래된 참나무 뒤에서 난쟁이 하나가 나타났지. 그 난쟁이는 다람쥐의 꼬리를 살짝 두드리며 말했어.

"안녕, 스캠퍼!"

"난 스캠퍼가 아니야. 내 이름은 말썽발이야!"

그러자 난쟁이가 말했어.

"그 이름이 마음에 들었나 보네? 그럼 계속 그렇게 불리더라도 발로 착한 일을 하면 외롭지 않을 거야. 자, 이 자루에 든 견과류를 하나씩 모든 동물 굴 앞에 놓아 봐. 네 발자국을 보면 누가 둔 건지 알겠지. 하지만 고맙다는 말은 기다리지 마. 물론 사흘 동안 그렇게 하면, 뭔가 마법 같은 일이 일어날지도 모르지만."

이제 아이들은 결말을 기대하면서 집중하게 돼요. 이 결말은 아이들이 자기 행동을 돌아보게 하려고 제가 의도한 방향으로 흘러갑니다.

말썽발이는 돌아오는 길에 모든 동물 굴 앞에 견과류를 하나씩 두었어. 집에 돌아와서는 엄마에게 견과류를 더 달라고 했지.
"내 이름은 말썽발이야. 난 이 웃긴 이름이 좋아. 옛날 이름이 스캠퍼였다는 건 나만의 비밀로 간직할래."
엄마는 행복한 아들을 보며 조용히 고개를 끄덕였어. 그로부터 이틀 동안도 말썽발이는 숲속에 견과류를 놓고 다녔고, 동물들은 수군대기 시작했지.
"말썽발이가 변했대!"
그러고는 말썽발이와 놀아 보기로 했어. 숲속 친구들끼리 '솔방울 차기' 놀이를 하는데, 말썽발이가 그걸 아주 잘하는 거야!

동물 친구들이 칭찬하자 말썽발이가 말했어.

"내 이름 지어 줘서 고마워! 앞으로는 발을 잘 쓸게. 그래도 계속 날 말썽발이라고 불러 줘."

그렇게 해서 말썽발이라는 이름이 생긴 거야.

이야기를 들은 두 아이는 환하게 웃었어요. 이런 이야기는 아이들에게 따뜻하게 가치를 전할 수 있는 기회가 돼요. 특별한 해석을 덧붙이지 않아도요. 그다음 날, 아이들이 또 말했어요.

"말썽발이 이야기 하나만 더 해 주세요!"

그래서 저는 말썽발이가 스컹크 친구를 도와주는 이야기를 들려줬어요. 이번에는 말썽발이가 다른 동물들을 도와주는 멋진 주인공이 되었지요. 그렇게 말썽발이 이야기는 차를 탈 때마다 이어졌어요. 어떤 아이는 친구가 좀 심술 맞아졌다고 속상해하며 "말썽발이 이야기 하나 해 줘요."라고 말하곤 했어요. 아이들이 스스로 이야기가 삶에 얼마나 큰 힘이 되는지 자연스럽게 알게 된 거예요. 제게는 그게 가장 훌륭한 가르침이 되었고요.

PART 6

마음을 달래는 이야기

이야기의 가장 큰 특징 중 하나는 아이(혹은 어른)의 주의를 끌고, 그것을 다른 방향으로 부드럽게 돌릴 수 있다는 점입니다. 1장 '이야기 고리'에서 다루었던 '이야기 고리'를 기억하나요? 평범한 일상 속에서 이야기를 시작하여 다시 그 평범한 일상으로 돌아오되, 조금 다른 시선과 감정으로 돌아오자는 구조였지요. 이야기를 처음 시도하거나 아직 익숙하지 않다면 상상력 가득한 유쾌한 이야기부터 시작하기 쉽습니다. 그런 이야기는 놀이로 이어지기도 하고, 창의적인 활동의 기반이 되기도 하니까요. 하지만 점차 경험이 쌓이다 보면 어떠한 상황 속에서도 이야기가 작동하는 지점을 발견하게 될 거예요.

이야기는 그 자체로 강력한 육아 도구입니다. 아이의 주의를 끌고 싶을 때(생각해 보세요. 아이를 키우다 보면 그런 일이 얼마나 잦은지!) 이야기를 툭 꺼내 보세요. 직접적으로 다그치거나 설명하려 들기보다 이야기로 유도하는 것이 훨씬 효과적일 수 있답니다. 일단 아이의 주의를 끌면 이야기꾼은 자신이 원하는 방향으로 그 에너지를 자연스럽게 이끌 수 있어요. 바로 이것이 '이야기 고리'의 핵심이고요. 다음 장에서는 이 구조가 어떻게 교육적으로 작동할 수 있는지 알아보겠지만, 이번 장에서는 '치유'의 관점으로만 이야기를 들여다보겠습니다.

본래 이야기는 위로의 성질을 지니고 있어요. 내용이 무엇이든 간에 이야기를 들려준다는 행위 자체가 마음의 상처를 어루만져 줍니다. 그리고 그 과정에서 아이의 시선이 문제에 고정되지 않도록 도와줘요. 다쳤거나 아프거나 마음이 힘든 아이는 그 고통에 집착하기 쉽지요. 두 살 아이의 분노든, 십 대 청소년의 무기력함이든, 모두 이야기를 통해 진정될 수 있어요. 이야기의 정서적 친밀함이 아이를 진정시키고, 때로는 조금 더 용기 있게 만들어 주니까요.

✳

이야기는 본래
위로의 성질을
지니고 있어요.

어느 날 우리 학생 중 한 명이 실수로 선인장 위에 넘어지고 말았어요. 미국 뉴멕시코에서도 가장 가시가 길고 가시 끝이 낚싯바늘처럼 뾰족

한 '촐라 선인장' 위로 말이에요. 촐라 선인장 가시는 박힐 때에도 아프지만, 뺄 때에는 말도 못 하게 고통스러워요. 보통은 가시 한두 개만 빼면 되는데, 무려 15센티미터쯤 되는 거대한 악어 이빨 같은 선인장 위로 넘어졌으니 빼야 할 가시가 얼마나 많았겠어요. 아이는 선인장 가시에 찔리자마자 완전히 얼어 버렸어요. 자신에게 무슨 일이 일어난 건지 바로 눈치챘거든요. 이를 악물고 숨조차 멈춘 채 더 큰 고통이 올 것을 두려워했어요.

그때 조는 조심스럽게 아이에게 다가가서 "숨을 쉬어 보자. 괜찮아, 후하, 숨 쉬어 봐."라고 말했어요. 실케는 상황을 알아채고 친구들에게 말했지요. "조시, 팀. 마이클 좀 웃게 해 줄 수 있을까? 재밌는 얘기 하나 들려줘." 조시와 팀은 상황의 심각성을 바로 눈치채고는 곧바로 장난을 쳤지요. 최근 있었던 가장 웃긴 사건을 흉내 내고, 손을 흔들고, 익살스러운 표정으로 웃음을 유도했어요. 고통에 일그러졌던 마이클의 얼굴에는 웃음과 울음이 오갔고, 목소리에는 애써 통증을 참는 티가 역력했어요. 이야기가 절정에 다다랐을 때, 조는 선인장을 잡아 단번에 뽑아냈습니다. 마이클의 얼굴은 새빨개졌고, 그는 허리를 구부렸다가 천천히 일어났어요.

"괜찮아." 마이클은 눈물을 꾹 참고 말했어요. "나 진짜 괜찮아."

그로부터 5분 뒤, 간단히 상처 소독을 마친 마이클은 다시 친구들과 신나게 뛰어놀았답니다.

살다 보면 고통을 피할 수 없는 순간이 와요. 그런데 그 고통을 정면으로 마주하는 순간, 오히려 고통에만 온 정신이 쏠려 심정적으로는 더 힘들어지기도 해요. 그때 이야기는 아주 특별한 약이 되어 줍니다. 4장의 '이야기의 리듬 만들기'에서 다룬 이야기의 리듬처럼, 평소에 정해 둔 이야기 신호나 패턴이 있다면 적극 활용해 보세요. 그것으로 말미암아 아이의 의식을 안전하고 친밀한 공간으로 데려올 수 있어요. 그 효과는 웬만한 진통제보다 훨씬 나을 거예요.

이렇게까지 이야기의 효과를 강조하는 것이 다소 과장되게 들릴 수도 있을 겁니다. 사람들은 이야기를 일종의 오락쯤으로 여기니까요. 하지만 모든 인간관계의 중심에 이야기가 있다는 점을 간과해서는 안 돼요. 인간은 개인의 서사를 통해 관계의 친밀도를 높이고, 정보와 의미를 이해하도록 진화해 왔어요. 인간으로서 지닌 이 고유한 기능과 인간적인 도구가 얼마나 효과적이고 빠르게 아이와 연결하는지 우리는 이미 잘 알고 있습니다. 그리고 이야기가 그 무엇보다 중요한 건, 이야기로 쌓인 친밀감이 쌍방향이라는 점이고요. 다시 말해 이야기로써 아이가 진정되었다면 뒷일은 걱정할 필요가 없다는 뜻입니다.

예를 들어 볼까요? 생일 파티 준비를 하던 어느 엄마는 케이

크에 촛불을 꽂고, 생일을 맞은 아이는 친구들에게 파티용 나팔 피리를 나눠 주고 있었어요. 그런데 자신이 가질 피리가 남지 않았다는 걸 알게 된 순간, 아이는 울음을 터뜨려요. 친구들은 신나게 나팔 피리를 불면서 떠들고 웃고 있지만, 정작 생일 당사자인 아이는 외톨이가 된 기분이 들었어요. 엄마는 무척 당황했어요. 파티가 엉망이 될 것 같았거든요. 그때 누군가가 말했어요.

"얘들아, 예전에 이런 일이 있었는데 말이지……."

이야기는 일촉즉발의 긴장을 스르륵 풀어 줍니다. 모두의 기분을 달래 주고, 살얼음 같았던 파티 분위기를 다시 부드럽게 만들어 주지요. 이때는 20분짜리 긴 이야기일 필요도 없어요. 단 1분이면 충분해요.

연습 11 + 마음을 어루만지는 스토리텔링

아이에게 힘든 상황이 닥쳤을 때, 위로가 되는 이야기를 들려주세요. 그것이 육체적인 아픔이든, 감정적인 어려움이든, 악몽이든, 심지어 부모와의 갈등이든 아이의 상태에 맞춰 주세요.
물론 피가 나서 지혈을 해야 한다는 등 쉽게 해결할 방법이 있는 경우에는 이야기가 우선은 아니겠지만요.

이야기 만들기

라모나와 피터

조셉 새로시 지음

"아아! 아빠!"

여섯 살 딸아이가 소리쳤습니다. 한밤중이었고, 공포에 질린 목소리였습니다. 나는 정말 잠이 고팠지만, 억지로 정신을 차리고 자리에서 일어났습니다. 그냥 무시할 수는 없었어요. 우리는 이미 이런 일을 여러 번 겪어 왔거든요.

"퍼프야."

나는 딸아이 옆에 조심스럽게 누우며 꼭 껴안았습니다. 그러자 딸아이는 온몸을 꿈틀거렸어요. 너무 고통스러워했지요.

1년 전쯤 생겼던 피부 발진이 다시 심해졌습니다. 낮에는 이것저것 할 일이 많아서 별로 신경 쓰이지 않았지만, 조용한 방 안에 어둠이 깔리는 밤이 되면 그 가려움은 고문처럼 느껴졌어요. 병원에도 갔고, 약도 써 봤지만, 별 소용이 없었습니다. 결국 시간만이 해결해 줄 수 있었어요. 부모로서 너무나 괴로운 일이었지요. 잠을 제대로 못 자는 것도 힘들었지만, 아이에게 아무것도 해 줄 수 없다는 사실을 인정해야 한다는 것이 더 고통스러웠습니다.

하지만 그 고통이 오래가지는 않았습니다. 나는 차가운 물로 조심스레 발진 부위를 씻겨 주고, 연고를 다시 발라 준 뒤 딸아이 곁에 누웠어요.

"이야기 하나 해 줄게."

내가 딸아이에게 말했습니다.

"근데 지난번에 들었던 거 기억나? 바다거북이 나오는 이야기."

"응."

"이번 이야기는 그만큼 재미있지 않을 수도 있어."

재미.

그게 내가 딸아이의 마음으로 들어가는 방식이었어요. 딸아이는 고개를 저었지만, 나는 이미 아이의 몸에서 긴장이 풀리기 시작하는 걸 느낄 수 있었습니다. 나는 딸아이의 발진이 스트레스와 관련 있다고 점점 더 확신하게 되었어요. 딸아이는 아직 자신이 느끼는 감정을 언어로 표현하거나 이해할 수 없었으니까요.

★ ★ ★

"'라모나'라는 새가 있었어."

나는 아무 데서나 떠오른 이름을 꺼냈습니다.

"그 새는 칠면조 독수리였어. 협곡 근처에서 하늘을 빙글빙글 돌며 날던 거 기억나?"

"네."

"라모나는 날개를 쫙 펴고 따뜻한 바람을 타고 날아다니는 걸 정말 좋아했어. 커다란 깃털을 가진 새가 바람을 타고 자유롭게 날아가는 모습이 얼마나 멋졌는지 몰라!"

아이 얼굴은 안 보였지만, 나는 미소 짓고 있는 아이를 느낄 수 있었어요. 우리는 수없이 많은 이야기를 함께 나눴고, 아이는 언제든 이야기 세계 안으로 들어올 준비가 되어 있었지요.

라모나는 이제 막 부모님 곁을 떠난 참이었고, 밤에는 나뭇가지나 절벽 틈에서 자고 있었어. 그런데 마음속으로는 이제 자신만의 둥지를 찾고 싶었지. 그러던 어느 날, 협곡을 지나가다 절벽 중간에 딱 독수리 한 마리가 앉을 만한 자리를 발견한 거야. 위도 아래도 깎아지른 바위였고, 스라소니도 거기까진 절대 못 올라올 곳이었어. 그 근처에 스라소니가 자주 나타났거든. 세이지와 소나무 숲에 숨어 있다가 독수리가 평지 가까이에만 내려앉으면 살금살금 다가가서…… 확, 낚아채는 거야!

"아빠. 나 무서운 이야기 싫어."

"알지, 근데 진짜야. 라모나가 찾은 그 자리는 아주 안전했어. 스라소니도 못 오고, 다른 새들도 거의 오지 않는 곳. 라모나는 그 자리에서 아래로 흐르는 리오그란데 강* 을 내려다봤지. 북쪽 끝부터 남쪽 멀리까지 다 보였고, 날개를 활짝 펴고 협곡 아래로 슝 하고

---

* 미국과 멕시코 사이에 흐르는 큰 강. 강 이름 자체가 '커다란 강'이라는 뜻이다.

내려갔어. 그날 라모나는 하루 종일 둥지를 만들 재료를 모았지. 풀도 모으고, 나뭇가지도 모으고. 그렇게 다 모은 다음에는 어땠게?"

"모르겠어"

"배가 고팠지! 근데 독수리는 뭘 먹게?"

"고기?"

"맞아, 죽은 동물을 먹어. 걔네는 사냥을 안 하고, 죽어 있는 걸 찾아다녀. 어떻게 찾는지 알아?"

"몰라."

"킁킁킁~. 냄새로 찾지! 걔네는 냄새를 아주 잘 맡아. 썩은 고기 냄새를 엄청 좋아하거든. 좀 웃기지?"

"으~, 징그러."

이쯤 되자 딸아이는 긁는 걸 멈추고 완전히 이완된 모습이었습니다. 아빠가 옆에 있고, 이야기에 몰입하다 보니 마음이 차분해졌지요. 나는 머릿속에 숲속 장면을 그리면서 눈앞에 펼쳐지듯 말로 풀어냈어요. 플롯이 중요했던 게 아닙니다. 말의 리듬과 느낌을 다양하게 바꾸면서 '아빠는 지금 네 옆에서 아무 걱정 없이 바보처럼 놀 수 있을 만큼 편안해'라는 메시지를 딸아이에게 전했지요. 그리고 딸아이는 그 메시지를 온몸으로 받아들였어요.

사실 이 이야기의 요점은 라모나라는 새에 대한 게 아닙니다. 그 밤과 그 전날 밤, 그리고 지난 1년여의 시간과 아픈 아이를 위로하고 싶은 아빠의 마음. 그 맥락 안에서 이 이야기는 만들어졌지요. 이야기를 통해 말로 하지 않아도 전해지는 진짜 메시지, 그게 바로 이야기의 핵심입니다. 좋은 이야기를 찾는 게 아니라 좋은 관계를 만드는 거지요.

심리학자 고든 뉴펠드는 이를 '애착'이라고도 부릅니다. 그의 저서 『아이의 손을 놓지 마라』에서는 튼튼한 애착이 건강한 아이를 키운다고 말합니다. 수많은 연구에 따르면 이야기는 아이의 감정 표현과 회복력, 공감 능력을 키운다고 하고요. 보통은 아이와 이야기 그 자체의 관계에 초점을 맞추지요. 그런데 뉴펠드의 이론은 이야기꾼과 아이 사이의 관계에 주목합니다. 다시 말해 이야기는 서로 간의 애착을 만드는 도구인 셈입니다.

라모나는 협곡 끝에서 죽은 스컹크를 발견했어. 냄새가 지독했지만 라모나는 아주 신이 났지. 그런데 그 냄새를 맡은 스라소니가 몰래 다가왔어. 라모나는 썩은 고기 냄새에 정신이 팔려 아무것도 모르고 있었지. 아찔한 순간, 하늘 위에서 피터라는 또 다른 독수리가 스라소니를 발견하고는 슝 하고 내려왔어. 그 틈에 라모나는 무사히 날아 도망칠 수 있었어.

칠면조 독수리의 사랑 이야기라니요! 우리 어른들도 그런 시절이 있었습니다. 그날 밤, 딸과 나는 라모나가 새끼 두 마리를 낳는 장면까지 이야기를 이어 갔고, 아이는 깊은 잠에 들었습니다. 다음 날, 우리 부부는 아이와 차분히 이야기를 나눴습니다. 자신을 괴롭히던 감정을 말로 풀어내자 아이도 훨씬 편안해졌습니다. 그리고 그 주에 몸에 난 발진도 거의 사라졌고, 밤에 깨는 일도 없어졌지요.

그게 약 때문인지, 아이의 면역력이 회복된 건지는 모르겠어요. 다만 확실한 건, 라모나와 피터가 그날 밤 아이에게 꼭 필요한 친구였다는 사실입니다. 그리고 나에게도요. 부모로서 어쩔 줄 모르던 순간에 딸과 다시 연결될 수 있는 길을 열어 줬으니까요. 그게 바로 이야기의 힘입니다.

그 뒤로도 우리는 라모나와 피터의 이야기를 계속 이어 갔습니다. 알을 낳고, 새끼 팰과 팸이 태어나고, 다시 스라소니가 나타나고 결국 물에 빠져 버리기도 하고……. 웃기고 유쾌한 이야기가 이어졌지요. 나중에는 조금 시들해져서 다른 이야기로 넘어갔는데, 몇 주 뒤에 협곡 근처를 산책하다가 하늘 위로 날아오르는 칠면조 독수리를 발견했습니다.

딸아이가 반가운 목소리로 외쳤지요.

"라모나다!"

나도 웃으며 말했습니다.

"피터야!"

이야기하기는 단순히
줄거리를 전하는 행위가 아닙니다.
이야기는 두 사람 사이,
특히 부모와 자녀 사이의
애착을 형성하는 데
효과적인 도구입니다.

PART 7

삶을 가르치는 이야기

정기적으로 아이에게 이야기를 들려주면서 쌓인 친밀함은 서서히 그 의미와 깊이를 더해 갑니다. 6장 '마음을 달래는 이야기'에서 이야기가 힘들어하는 아이를 어떻게 위로해 주는지에 대해 이야기했습니다. 이번 장에서는 이야기가 어떻게 아이의 주의를 집중시키고, 귀중한 교훈을 가르치는 데 도움이 되는지 살펴보려고 합니다.

이야기는 우리의 기억 속에 오래 남습니다. 여러 연구 보고에 따르면, 이야기는 단순한 암기에 비해 정보 기억 능력을 600퍼센트에서 2,200퍼센트까지 높여 준다고 합니다. 독일의 심리학자 헤르만 에빙하우스°가 망각 곡선 실험을 통해 보여 주었듯이, 대부분의 정보는 단 하루 만에 약 70퍼센트나 잊힌다고 합니다.

1885년에 발표된 에빙하우스의 연구 결과는 이후 기억 연구의 기초가 되었습니다. 이 연구가 말하는 핵심은 기억이란 정보를 어떻게 떠올리느냐에만 국한하지 않고, 어떻게 받아들이느냐에 따라서도 크게 달라진다는 것입니다. 이때 주의력은 매우 중요한 역할을 하는데, 뇌가 어느 시점에 어떤 정보를 저장할지 결정하도록 이끕니다. 하지만 모두 알다시피 우리의 주의력은 매우 한정된 자원입니다.

이야기는 중심인물, 감정의 무게, 예기치 않은 전개를 생생한 묘사로 이어 갑니다. 그러다 보니 사람들의 주의를 끌고 유지하기 위해 이보다 더 강력한 도구는 없겠지요. 이야기는 다양한 경로를 통해 정보가 기억 속에 단단히 자리 잡도록 도와주어 우리가 쉽게 잊지 않도록 해 줍니다. 이 점은 누구나 한 번쯤 경험해 봤을 거고요. 우리는 자연스럽게 좋은 이야기에는 귀를 기울이지만 오후에 들어야 할 수업은 생각만으로도 진저리를 칩니다. 이는 아이들도 다르지 않아요. 재미있는 이야기로 주의를 사로잡으면, 대개 그 이야기는 잘 기억합니다. 하지만 이야기가 이렇게 강력한 기억 도구가 되는 이유는 주의 집중 외에도 다음의 세

- 독일의 실험 심리학자로, 기억과 망각에 대한 선구적 연구로 잘 알려져 있다. 의미 없는 음절을 활용한 실험을 통해 시간 경과에 따른 기억 소실을 계량화하였고, 이를 통해 '망각 곡선(forgetting curve)'과 '학습 곡선(learning curve)' 개념을 제시하였다.

이야기는 우리의 관심을 끌고,
오래도록 기억하게 만드는
가장 강력한 도구 중 하나입니다.

가지 요소가 더 작용하기 때문입니다. 바로 시간적 순서, 반복, 위치성이지요.

서사에는 시간적 순서가 있습니다. 덕분에 우리는 이야기 속에서 어떤 세부 사항이나 사실을 빠르게 찾을 수 있지요. 앞뒤에 어떤 일이 있었는지를 떠올리며 그 내용을 짚어 갈 수 있기 때문입니다. 즉, 이야기에는 고유한 조직 구조가 내재되어 있는 거예요. 반대로 느슨하게 나열된 사실 모음은 내부 구조가 없기 때문에 기억하기가 어렵습니다. 『이야기로 일하기 Putting Stories to Work』의 저자 숀 캘러핸은 캘리포니아 대학교의 A.C. 그라서 교수가 실시한 연구를 인용하여 설명합니다. 그라서 교수는 학생들에게 열두 편의 글을 제시합니다. 일부는 노아의 방주처럼 서사 중심으로 이뤄졌고, 다른 일부는 백과사전처럼 사전적 설명이 주를 이뤘어요. 연구 결과는 학생들이 서사적인 텍스트를 설명적인 텍스트보다 두 배 더 빠르게 읽었고, 두 배 더 많이 기억했습니다.

이처럼 흥미 위주의 이야기는 무의식중에 머릿속에서 이야기를 반복 재생합니다. 중요한 사실이나 교훈이 이야기 안에 전략적으로 배치되어 있다면, 우리는 그 이야기를 되새길 때마다 그 정보를 다시 떠올릴 테고요. 이것이 바로 기억력의 핵심이며, 전문 용어로는 '신경 가소성'이라고 부릅니다. 『스스로 치유하는 뇌』의 저자 노먼 도이지 박사는 이를 '함께 발화하는 뉴런은 함께 연결된다'고 설명합니다. 다시 말해 어떤 뉴런이 자주 활성화될수록 그 연결이 더 강하게 고정되고, 결과적으로 그 정보는 보다 쉽게 다시 떠오르게 됩니다. 반대로 잘 사용되지 않는 뉴런은 우리가 자는 동안 생각보다 빠르게 연결 고리를 끊어 버립니다. 이를 두고 도이지 박사는 '쓰지 않으면 잃는다'고 표현합니다.

이야기는 우리의 주의를 끌고, 시간적 순서가 있으며, 다시 떠올리도록 유도하여 우리 뇌 속에 정보를 견고하게 자리 잡도록 합니다. 상당히 고도화된 방식이지요. 그런데 이야기는 한 가지 더 중요한 요소에도 도움을 줍니다. 그것은 바로 '위치성'입니다.

이야기는 말하는 사람과 듣는 사람 사이의 긴장을 덜어 주는 데 탁월합니다. 설령 사랑과 진심으로 전해진 정보라 하더라도 그것이 직접적일 경우에는 쉽게 '너 대 나' 또는 '우리 대 너희'라는 이분법을 만들게 되지요. '나는 선생이고, 너는 학생이다', 혹은 '나는 양육자고, 너는 자식이야' 같은 위치 구분은 아무리 좋은 의도로 전달해도 문제가 될 수 있습니다.

반면, 이야기는 누구를 향해 직접적으로 말하는 방식이 아닙니다. 이야기는 제3자 서사의 형식을 빌려 유용한 허구를 만들어 냅니다. 그저 '이야기'일 뿐이지요. 그 안에 담긴 정보는 맥락 속에서 자연스럽게 전달되며, 아이로 하여금 마치 스스로 깨달은 것처럼 느끼게 하는 기회를 줍니다. 『도덕경』에 이런 구절이 있어요.

> 가장 훌륭한 지도자는 존재를 의식하지 못하게 한다. 그의 일이 끝났을 때 사람들은 '놀라워라! 우리가 해냈어!'라고 말한다.

아이(또는 배우자)와 어떤 사소한 일을 두고 싸운 적이 있다면, 위치성이 얼마나 크게 작용하는지 분명히 느낀 적이 있을 겁니다. 사람은 이런 대립 속에 빠져들기 쉬우며 결국 전달하려던 정보는 잊게 됩니다. 권력 다툼만 남게 되지요. 이런 상황이 올 것 같다고 생각된다면, 이야기로 돌려서 말해 보세요. 전달하고 싶은 정보나 가치를 이야기 속에 담는 겁니다.

사실 아이를 가르치는 가장 좋은 방법은 바로 이야기입니다. 먼저 흥미로운 등장인물이나 줄거리로 관심을 끌고, 4장 '이야기의 리듬 만들기'에서 제안했던 것처럼 이야기의 리듬에 이미 익숙해져 있다면 그 흐름을 금세 되살릴 수 있어요. 그리고 1장 '이야기 고리'에서 설명했듯이 아이에게 익숙한 사물이나 활동을 이야기 속에 가져온다면 아이의 관심은 곧장 현실의 아주 구체적인 장소와 이어집니다. 그런 다음, 그 이야기 안에서 전달하고 싶은 내용을 자연스럽게 끌어들입니다. 그건 단순한 글자나 숫자 교육일 수도 있고, 아이에게 심어 주고 싶은 특정한 가치일 수 있습니다. 묘사적인 언어, 속도의 변화, 갑작스러운 전개 같은 기법을 사용해 이야기를 계속 흥미롭게 유지하면, 우리는 아이의 주의를 놓치지 않으면서 원하는 메시지를 효과적으로 전달할 수 있습니다.

이야기를 들려주는 중간중간, 혹은 한두 지점에서 기억에 남을 만한 단어나 사실, 교훈을 이야기의 세부 요소에 끼워 넣을 수도 있습니다. 이는 '이 이야기의 교훈은 말이지……' 식으로 노골적으로 전할 수도 있고, 줄거리에 자연스럽게 묻히도록 표현할 수도 있습니다. 이야기 속 장면에서 벽에 쓰인 문장을 통해 메시지를 전달한다든가, 제자리에서 기지개를 켜고 하품하는 세포의 모습을 통해 복잡한 유사 분열 과정을 아이가 이미지로 떠올릴 수 있도록 도와주는 식으로요. 이야기가 끝날 때 우리는 '고리'를 닫고 현실로 돌아옵니다. 이때 아이는 어려운 내용을 이해하고 기억하는 데 도움이 되는 새로운 렌즈를 하나 갖게 되는 셈입니다.

이 방식이 복잡하게 들릴 수도 있지만, 사실은 매우 단순합니다. 인류는 6만 년 동안 이와 같은 방식으로 이야기를 전해 왔기 때문입니다. 한 무리의 아이들이 인형 하나 혹은 막대기 하나를 서로 차지하려고 다툰다면, 이 상황을 동물 친구들의 이야기로 바꿔서 들려줄 수 있습니다. 이야기 속 등장인물들이 서로를 존중하거나 혹은 무시하며 행동하게 두면, 아이들은 그 행동이 다른 이들과 전체 집단에 어떤 영향을 미치는지를 자연스럽게 배우게 됩니다. 어린아이들에게는 훈계나 지시보다 이야기가 훨씬 더 효과적이니까요. 훈계나 지시는 아이를 고립시키고 갈등을 심화하고 급기야 방어적인 태도를 유발할 수도 있습니다.

우리는 직접 경험하기에 너무 위험한 활동이나 힘겨운 감정을 이야기를 통해 미리 경험해 볼 수 있습니다. 이것 역시 일종의 가르침입니다. 실제로 우리는 전래 동화나 무서운 이야기, 셰익스피어나 고대 그리스의 비극을 통해 충분히 경험해 왔습니다. 현실에서 감당하기 어려운 상황을 이야기 안에서 미리 탐색해 본다면 현실에서 직면했을 때에는 얼마간의 여유를 가질 수 있습니다.

학습 또한 이야기를 통해 훨씬 효과적으로 이루어질 수 있습니다. 조가 1학년 아이들에게 모음과 자음을 구별하는 법을 가르칠 때, 아이들이 효과적으로 기억할 수 있도록 이야기 하나를 떠올렸습니다. 두 친구, 아이이Ayee와 피팁P-tip에 대한 이야기였지요. 이름이 다소 기묘해서 아이들은 즉각 관심을 보였습니다. 래퍼인 피팁은 비트박스를 정말 잘했고, 신나는 리듬으로 친구들을 즐겁게 해 주었습니다. 아이들은 금세 이 이야기에 푹 빠졌어요. 하루는 어른이 된 두 친구가 높은 산을 올라갔다가 용을 만납니다. 아이이의 기지 덕분에 둘은 간신히 살아났지만, 용이 뿜는 불길에 심한 화상을 입은 피팁은 입술이 망가져서 더는 비트박스를 할 수 없게 되었지요. 회복하는 동안 피팁은 내내 우울했고, 그사이 아이이는 다른 대륙으로 떠나게 되었어요. 긴 시간 끝에 피팁은 다시 노래를 부르기 시작했는데 이번에는 비트박스가 아니라 노래를 불렀지요. 그리고 그는 세계적인 인기를 얻었어요. 아이이는 피팁의 노래를 라디오에서 처음 듣게 됩니다. 노래는 이렇게 시작돼요.

"아이이, 아이 오우 유.•"

이런 이야기들은 아이들을 웃게 하고 소리치게 하며 노래하게 합니다. 이후 아이들은 A, E, I, O, U 같은 모음을 아주 쉽게 기억하게 되었어요. 이야기 자체는 모음과 큰 상관이 없었지만요. 흥미롭게도 우리가 이야기와 관련해 말한 많은 내용들은 노래와 멜로디에도 똑같이 적용됩니다. 이 둘을 결합하면, 아이의 기억 창고는 놀랍도록 풍요로워집니다. 아이들은 그 기억 창고에서 과거를 끄집어낼 뿐 아니라 그 위에 새 개념을 하나하나 쌓아가게 됩니다. 단지 '아이이, 아이 오우 유'라는 멜로디 하나만으로도 아이들은 곧바로 글자 인식과 독해로 주파수를 맞추는 것이죠. "얘들아, 교과서 펴자."라는 말에 아이들은 깊은 한숨을 내쉬는 대신, 수업에서 배운 진짜 교훈들을 떠올리며 흥분과 에

• Ayee, I owe you. '아이이야, 너무 고마워'라는 뜻으로, 영어의 모음자 a, e, i, o, u를 골고루 배울 수 있는 문장이다.

너지가 넘치는 태도로 수업에 참여할 겁니다.

    이야기는 문화적, 종교적 가치를 전승하는 주요한 방식 중 하나입니다. 수많은 종교 문헌이 이야기로 가득 차 있는 이유도 그 때문입니다. 명절 역시 이야기와 뗄 수 없습니다. 이런 모든 정보들이 다음 세대의 귀와 마음으로 스며드는 거예요. 양육자이자 아이들을 돌보는 사람으로서 우리는 그 이야기들을 그대로 들려줄 수도 있고, 기존의 이야기 구조를 차용해 아이에게 지금 필요한 메시지나 가치를 밝혀 낼 수도 있습니다.

    아이는 '이를 뺄 때'와 같은 통과 의례나 '친구가 이사 가는 날'처럼 심정적으로 힘든 순간, 이야기를 통해 큰 도움을 받을 수 있습니다. 대부분 양육자들은 알맞은 책이나 영상을 찾으려 애쓰지만요. 물론 그것도 나쁘지 않습니다만, 우리는 다양한 방식의 이야기로부터 도움을 받고 있어요. 이 책에서 설명한 이야기의 힘을 충분히 이해하고, 아이와의 친밀한 이야기 시간을 꾸준히 쌓아 왔다면 이야기야말로 아이가 인생의 큰 사건을 이해하고 의미를 찾는 데 특히 강력한 방식임을 알게 될 것입니다. 물론 이렇게 말하면 부담스러울 수도 있겠지만요. 하지만 두 돌이 막 지난 아이에게 '작은 곰 이야기'를 들려주기 시작했다면, 아이가 열네 살

이야기는 아이들이 인생의 가장 큰 사건들을 이해하고 의미를 찾는 데 특별한 힘을 발휘합니다.

이 되었을 때 '여성이 되어 간다는 것'에 관한 이야기를 들려주는 일이 결코 어렵게 느껴지지 않을 거예요.

연습 12 + 메시지를 심어 보세요

아이에게 꼭 전하고 싶은 메시지를 떠올려 보세요. 장난감 정리에 대한 이야기일 수도 있고, 친구를 때리지 말라는 경고일 수도 있고, 흔하디흔한 새 이름일 수도 있어요. 무엇이든 간단하고 선명한 말 한 마디로 요약될 수 있는 것이 좋아요.

그런 다음, 그 메시지가 들어간 이야기를 만들어 보세요. 동굴 벽에 적힌 문장이나 신비한 부엉이의 입을 통해 등장해도 좋아요. 또 이러한 메시지는 이야기의 핵심으로 삼아도 좋고, 이야기 속 우연한 요소처럼 등장시켜도 좋아요.

연습 13 ✛ 맥락을 심어 보세요

이야기라는 틀 안에서 가치나 교훈을 제시하는 것은 매우 강력한 교육 도구입니다. 예를 들어 종교적 관용에 관한 이야기는 유대인 소년이 기독교인 소녀와 크리스마스를 함께 보낸다거나 혹은 기독교인 소녀와 유대인 소년이 하누카[●]를 함께 보내는 식의 서사일 수 있지요.

이런 이야기는 훌륭할 수 있지만, 때때로 너무 의도적이고 무겁게 느껴질 수 있습니다. 주인공들이 서로 이해하고 화합한다 할지라도, 그 이야기 이면에는 여전히 사회 전반에 그런 이해가 부족하다는 메시지가 담겨 있을 수 있으니까요.

이런 방식은 어떨까요? 한 마을을 배경으로 양초 장인이 크리스마스에 쓸 초록 양초와 빨간 양초, 하누카에 쓸 파랑 양초와 하얀 양초를 동시에 만들고 있다가 뭔가 엉뚱하고 웃긴 일이 벌어지는 이야기 말이에요. 이런 이야기는 '우리는 다양성을 존중해요' 같은 메시지를 전할 수 있어요. 굳이 이야기의 중심에 갈등을 놓지 않아도 되고요. 무엇보다 이야기를 끝맺을 때에는 모두가 무지개 색 양초를 가지게 될 수도 있겠지요.

● 유대교의 겨울 명절로, 8일 동안 촛불을 켜며 고대 성전 회복을 기념한다. 다른 말로는 '빛의 축제'라고도 불린다.

이야기 만들기

오랑기 크나히트

조셉 새로시 지음

이 이야기는 어느 날, 받아쓰기 때문에 속상해하던 1학년 아이들을 위해 만든 것입니다. 그날따라 오렌지^{Orange}와 기사^{Knight,} 나이트의 철자를 틀리는 친구가 많았어요. 아이들도 힘들어했고, 나도 좀 지쳐 있었지요. 그냥 그대로 수업을 끝내 버리면 다음에는 아이들이 더 거부감이 들 것 같았어요. 스트레스랑 좌절은 마치 교실 안의 도깨비 같아서 아이들의 집중력을 홀랑 삼켜 버리거든요. 다행히 그날, 뭔가에 이끌려서 이야기를 들려줄 수 있었지요.

★ ★ ★

"폐하! 폐하!"

시종이 숨을 헐떡이면서 왕 앞에 달려왔어. 손에는 성문 앞에 꽂혀 있던 쪽지가 들려 있었지.

"무슨 일이냐?"

"그게요, 폐하. 저는 글을 못 읽습니다요."

실은 왕도 글을 못 읽었어. 그때는 글을 읽는 사람이 지금처럼 흔하지 않았거든. 왕이 명령했어.

"왕자를 데려오너라!"

왕자는 먼 곳의 마법사에게 글을 배우고 있었어.

헐레벌떡 왕궁으로 돌아온 왕자는 조심조심 쪽지를 받아 들었어. 방 안은 숨소리 하나 없이 조용했지. 글을 막 배우기 시작한 왕자는 종이를 꼭 쥐고서 말했어.

"음…… 음…… 저기……."

"뭐라고 쓰여 있느냐?"

왕이 재촉했어.

"나…… 갈…… 거…… 야. 아니, 거기…… 갈게……."

왕자의 말에 왕이 소리쳤어.

"여기 온다고?"

왕자가 다시 종이를 내려다봤어.

"이…… 일…… 후에…… 이틀 후에 갈게!"

"그가 이틀 후에 온다고? 그게 누군데? 누가 온다는 것이냐?"

"잠깐만요."

왕자가 말했어.

"여기 밑에 서명이 있어요."

기사와 신하 들이 다시 우르르 고개를 들이밀었지.

"오…… 오…… 오-랑-기…… 크-나-히트……. 오랑기 크나히트!"

"오랑기 크나히트?"

한 기사가 끔찍한 표정으로 말했어.

"세상에, 그게 도대체 뭐야?"

방 안에 있던 모두가 서로를 쳐다봤어.

오랑기 크나히트? 뭔가 괴물 같은 건가? 성을 부수고 아이들을 잡아먹으려는 털북숭이 괴물일지도 몰라. 모두 얼굴이 하얗게 질렸어. 나라 안에서 가장 용감하다는 기사조차 몰래 도망가려 했지.

왕은 옆에 있던 갑옷 입은 기사를 퍽 때리고 주먹으로 책상을 꽝 내리쳤어.

"우리는 겁쟁이가 아니야!"

왕이 외쳤어.

"기사들, 장비 챙겨! 모든 기병들은 검은 숲으로 출발한다. 반드시 찾아야 해……. 그 이름도 무시무시한 오랑기 크나히트!"

잠깐 정적이 흐른 뒤, 방 안은 난장판이 됐어. 장비 챙기랴, 음식을 한 입이라도 더 먹으랴, 왕이랑 마지막 인사 나누랴, 문 쪽으로 우르르 몰려갔지.

왕자도 왕에게 다가갔어.

"왕이시여, 저도 가야 합니다. 저도 오랑기 크나히트를 찾아야 해요."

"안 된다, 아들아."

왕이 말했어.

"너는 성을 지켜야 한다. 그 오랑기 크나히트라는 놈이 어떤 괴물일지 누가 알겠느냐. 머리가 셋일 수도 있고, 다리가 열다섯일 수도 있고, 칼을 여섯 자루나 휘두르는 유령일 수도 있다. 안 돼, 넌 여기 있어야 한다. 여기 남아서 성을 지키다가 왕국을 이어받아야 하느니라."

왕의 말은 곧 법이었어. 왕자는 고개를 푹 숙이고 방을 나섰지. 그사이 복도에는 기사들과 하인들이 잘그랑거리는 갑옷을 입고 뛰어다니고 있었어.

그날 하루 종일, 그리고 다음 날 아침까지, 왕의 기사들은 오랑기 크나히트를 찾으려고 숲을 샅샅이 뒤졌어.

"열 자는 넘겠지,"

누군가 말했어.

"팔뚝이 대포만 할걸?"

또 다른 누군가는 이렇게 말했어. 다들 무서워 죽을 지경이었지. 하지만 아무도 오랑기 크나히트를 찾지 못했어.

이틀째 오후 늦게, 용기와 행운을 가슴에 품은 왕자는 남몰래 삼등 기사 갑옷을 입고 마구간으로 향했어.

"거기, 누구냐?"

마구간 관리인이 물었어.

"남은 건 늙고 지친 말밖에 없다."

"그걸로 좋아요."

왕자는 최대한 굵고 낮은 목소리로 말했지. 관리인은 고개를 갸

171

웃하고는 절뚝거리는 늙은 말을 데리고 나왔어. 말은 세 걸음마다 한 번씩 절뚝거리며 겨우 왕자에게 다가왔어.

"서둘러야 할걸."

마구간 관리인이 말했어.

"왕이 제일 싫어하는 건 늦는 거라네."

왕자는 생각보다 늦은 저녁 무렵에 검은 숲 한가운데에 도착했어. 나뭇가지에는 마치 늙은 마녀의 머리카락처럼 이끼와 이슬이 주렁주렁 매달려 있었고, 땅에서는 이상한 냄새가 스멀스멀 올라왔어. 말발굽 소리는 텅 빈 북처럼 깜깜한 숲을 울렸지. 왕자는 슬슬 무서워지기 시작했어. 이런 곳에 오다니, 실수를 저질렀다 생각했지. 오랑기 크나히트를 찾을 수도 없고, 설령 찾더라도 싸울 수는 없을 거야. 그 괴물이 휘두른 주먹 한 번에 목숨을 잃을 수도 있고. 왕자는 말을 멈추고 돌아서려다가 갑자기 얼어붙었어. 저기, 백 걸음쯤 앞에서 오렌지색 빛이 희미하게 번지고 있었거든.

"워워. 멈춰!"

왕자가 말에게 부드럽게 속삭였지만 말은 마구 소리를 내며 계속 걸었어. 왕자는 겁이 잔뜩 났지만 시선을 떼지 않았어. 저 빛은 분명 오랑기 크나히트, 불타는 괴물, 뱀 머리에 시커먼 발톱을 가진 괴물일 거야. 왕자는 괴물에 점점 가까워지고 있었어.

"뒤로 가. 돌아가자니까."

왕자의 말에도 말은 절뚝이며 계속 걸었어. 왕자도 벌벌 떨기 시작했지. 둘은 철거덕거리는 괴상한 소리를 냈어. 숲 전체가 그 기이한 빛으로 물들자 왕자는 마지막 용기를 짜내어 투구를 열고 외쳤어.

"멈춰라! 누구냐!"

안타깝게도 왕자의 말투는 하나도 무섭지 않았어.

나무 뒤에서 나온 건…… 오렌지 나이트$^{Orange\ Knight}$? 설마 왕의 그 오랜 친구?

"오, 젊은 왕자님."

지혜로운 기사가 말했어.

"엉……?"

왕자는 어리둥절했지.

"당신이…… 그…… 설마…… 오랑기 크나히트?"

"오랑기 크나히트?"

기사는 껄껄 웃었어.

"그게 무슨 말씀입니까?"

"오랑기 크나히트요!"

왕자가 말했어.

"이틀 전에 폐하께 편지가 왔어요. 오늘 성을 부수고 아이들을 다 잡아먹겠다고……."

"성을 부순다고요? 아이들을 잡아먹겠다고요?"

기사가 피식 웃었어.

"그거 꽤 무섭네요. 혹시 그 편지, 두루마리에 적혀 있었나요?"

"응."

"'이틀 후에 간다'라고 쓰여 있었지요?"

"네, 맞아요!"

"누가 그 편지를 읽었습니까?"

"제가요. 폐하는 글을 못 읽으시거든요."

오렌지 기사가 박장대소했어.

"아이고, 왕자님."

기사가 말했어.

"이제 저와 성으로 가서 즐거운 시간을 보내시지요."

오렌지 기사는 왕자의 어깨를 토닥이고, 늙은 말의 고삐를 잡아 성으로 돌아갔어.

내가 이 이야기를 마치자마자 아이들은 바닥을 데굴데굴 구르고 벽에 몸을 부딪으며 웃었습니다. 만화 영화의 한 장면처럼 교실은 그야말로 난장판이었지요. 아이들이 좀 진정되고 나서 나는 오렌지Orange와 기사Knight를 읽고 쓰는 방법에 대해 알려 주었어요. 글자와 그 글자의 소리를 연결하는 파닉스 규칙을 따르지 않는 단어를 재미나게 배울 수 있는 이야기를 하나 만든 거예요. 이런 가벼운 유쾌함이 학교 공부에 더해지는 것은 정말 값진 일입니다. 이게 다 이야기 덕분이지요.

PART 8

가족 모두를 위한 이야기

　　　　　　　　　　　이야기의 중심에 '관계'가 있다
는 사실을 받아들이면 우리는 이야기를 아이들과의 관계를 넘어
서서 언제, 어디서, 누구와도 활용할 수 있습니다. 이 장에서는
이야기 나누기를 가족과 이웃, 또는 다양한 사람들의 모임에서
도 즐길 수 있는 활동으로 확장해 보고자 합니다.

　이야기를 나누는 일은 세대를 아우르며 유대감을 만드는 훌
륭한 활동입니다. 가장 단순하게는 핵가족 안에서 한 편의 이야
기를 함께 나누는 것에서부터 시작할 수 있고, 조금만 확장하면
할머니, 할아버지, 고모, 삼촌, 사촌, 이웃까지 모두 함께할 수 있
습니다. 이야기 모임은 아주 친밀한 분위기를 만들어 줍니다. 어
린아이들은 어른들의 이야기를 들으며 성장하고, 어른들은 아이

들의 이야기를 들으며 마음이 움직입니다. 나이대가 다른 사람들이 원을 이루고 둘러앉으면 우리는 인생의 다양한 국면을, 그리고 인격의 다양한 모습을 마주할 수 있습니다. 일대일로 이야기를 나눌 때와 마찬가지로 이때 중요한 것은 '연결'입니다. 말하는 사람에게 온전히 귀를 기울일 때, 우리는 단순한 이야기 그 이상의 것을 얻게 됩니다. 그 안에서 조상 대대로 이어 온 어떤 깊은 유대를 함께 나누게 되는 것이지요. 아무리 훌륭한 대본을 바탕으로 한 영화나 텔레비전 프로그램이라 하더라도 이런 경험을 대신하긴 어렵습니다.

이야기 모임을 시작하려면 약간의 용기가 필요합니다. 대부분의 어른들은 자신을 이야기꾼이라 생각하지 않거든요. 왜 그럴까요? 서사, 그 완벽한 줄거리에 지나치리만큼 집착하기 때문입니다. 그래서 쑥스러워하고 적극적으로 이야기에 나서기 어려워해요. 이럴 때 아이들이 함께하는 모임은 큰 도움이 됩니다. 아이들 앞이라면 어른들도 무심코 율동과 노래를 따라 하게 되니까요. 그렇게 어색함이 한번 깨지면, 즐거움은 자연스레 따라오게 마련입니다.

모임을 시작하려면 우선 모두가 편안하게 앉을 수 있는 장소를 고르세요. 실내의 조용한 공간도 좋고, 좋아하는 나무 아래도 좋습니다. 어르신들께는 앉기 좋은 자리를 마련해 드리고, 모두가 서로를 바라볼 수 있게 자리를 배치합니다. 누군가 말할 때에는 모두가 귀를 기울여야 한다는 점도 처음부터 분명히 해 두는 것이 좋습니다. 누군가가 용기 내어 시작한 이야기가 외부의 방해나 불필요한 참견으로 흐름이 끊어지지 않도록 말이에요. 이야기를 시작할 때는 진행자가 짧은 이야기 하나를 먼저 들려준 다음, 옆 사람에게 이야기를 넘기는 방식이 좋습니다. 처음 이야기를 시작하고 이어 가는 두 사람이 조금 어렵게 느낄 수 있으니 적절하게 순서를 생각해 두는 것도 도움이 됩니다. 하지만 세 번째 순서쯤 되면 대부분 이야기 모임의 가치를 깨닫게 됩니다. 모임은 매번 다르게 흘러가겠지만 늘 유일무이한 시간이 됩니다.

한 이야기를 여러 사람이 이어 가는 방식도 있습니다. 한 사람이 시작하면, 다음 사람이 이야기를 이어서 조금 더 발전시키고, 그다음 사람이 또 넘겨받는 식입니다. 한 인물이 여러 사람의 입을 통하게 되면, 우리는 이야기 속에 담긴 다양한 연령대의 성격과 개성을 엿볼 수 있습니다. 어떤 이는 흐름을 잃기도 하고, 어떤 이는 이야기를 다시 살려 내기도 합니다. 긴 이야기가 좋을 때도 있지만, 한두 문장으로 충분할 때도 있지요. 가장 재밌는 순간은 예상치 못한 엉뚱한 실수에서 나오기도 합니다.

이런 이야기 모임이 1년에 한 번, 할머니 집에서 열린다면 가족 전체의 유대감은 크게 달라질 겁니다. '함께 기도하는 가족은 함께 머문다'는 말이 있습니다. 이 말은 이렇게 바꿔 말해 볼 수 있지 않을까요?

'함께 이야기를 나누는 가족은 함께 나이 들어간다.'

보드게임이나 영화를 감상하는 대신, 이야기의 밤을 제안해 보세요.

멋지다고 자부하는 어른일수록 이런 모임 앞에서 주저하는 경우도 있습니다. 다양한 나이와 취향이 함께하는 자리에서 나 자신을 드러내는 것이 어색하게 느껴질 수 있기 때문입니다. 냉소적이거나 무심한 태도가 멋지다고 여겨지는 세상에서 장난기나 유쾌함을 드러내기란 어렵겠지요. 그런데 이런 순간에는 아이들이 도움을 줄 수도 있습니다. 사실 이 책에서 소개한 이야기 기법은 아이들뿐 아니라 어른들에게도 똑같은 효과를 보이거든요. 다만 대부분의 어른들은 아이들과 함께할 때에만 그 문을 열어 줍니다. 아이들은 종종 무뚝뚝한 어른 안에 있는 내면의 아이를 꺼내 주는 유일한 창이 되어 주거든요.

조금 더 용기 있는 사람이라면 아이들이 없어도 똑같은 친밀감을 만들어 낼 수 있습니다. 사실 이야기 나누기는 이미 모든 어른들의 모임 속에 존재하고 있습니다. 다만 그것을 이야기라고 부르지 않을 뿐입니다. 우리는 그냥 이렇게 말하곤 하지요.

"야, 그때 무슨 일이 있었는지 말도 마."

이야기를 들려주세요.
진심을 담아서요.
진실한 마음과 사랑을 담아서요.
그다음에는 어떤 일이
일어나는지 지켜보세요.

이야기 나누기는 술집, 시장, 회사 탕비실에서 벌어지는 가장 오래된 인간 활동 중 하나입니다. 이야기는 사람 사이를 가깝게 만들어 주니까요.

실케에게는 말기 암을 앓는 메리라는 노년의 친구가 있었습니다. 생의 마지막 몇 달 동안 메리는 정신은 또렷했지만 몇 걸음 이상은 걷기 힘들어서 침대에 누워 지내야만 했습니다. 실케가 찾아가면 둘은 늘 서로에 대한 깊은 애정을 나누었습니다. 하지만 직면한 상황이 무거운 만큼 일상의 흔한 대화는 너무 가벼워 보였지요. 그리고 메리는 종종 이렇게 말하곤 했습니다.

"이야기 하나만 들려줘."

7장 '삶을 가르치는 이야기'에서 우리는 이야기가 일대일 구도의 긴장감이나 위치성 없이 중요한 가르침을 전할 수 있는 특별한 방식임을 논했습니다. 그리고 실케가 말기 암 환자였던 친구 메리를 찾았을 때에도 똑같이 작용했지요. 이야기는 꼭 무언가를 말하거나 반복할 필요 없이 어색함을 걷어 내 줍니다. 우리는 단지 이야기의 친밀함 속에 머무를 뿐이에요. 어떤 실용적인 목적도 없이요.

이러한 특성은 아주 섬세하면서도 다양하게 작용할 수 있습니다. 누군가에게 말하기 곤란한 내용을 전해야 할 때, 이야기 형식에 녹여 전하는 것을 시도해 보세요. 사람은 누구나 자신이 잘못했다고 지적받는 걸 싫어합니다. 그래서 때로는 양쪽 모두가 실수를 인지하고 있음에도 감정 싸움이 되어 버리고는 합니다. 이런 상황이 바로 위치성이 개입한 경우입니다. 하지만 30초 정도면 충분한 짧은 이야기에 그 메시지를 담을 수 있고, 상대는 이야기 안에서 스스로 실수를 발견할 수 있습니다. 둘 사이에 감정의 찌꺼기도 훨씬 덜 남게 되고요. 이 기법에 익숙한 사람은 정말 대단한 리더입니다. 직원이나 학생, 팔로워를 비판하는 동시에 그들의 호감을 얻는 일이 가능하니까요.

이 방법을 시도해 보기 좋은 대상은 남편이나 아내, 연인, 혹은 가까운 친구입니다. 앞서 말한 것처럼 중요한 메시지를 부드럽게 전달하는 데 활용할 수도 있고, 서로 간의 유대감과 친밀감을 높이는 데도 그만이지요. 아이와 함께할 때처럼 어른 사이에서도 효과적입니다. 대부분의 관계가 그렇듯, 지루하거나 소원한 시기가 있기 마련이니까요. 어느 날 저녁 침대에 누워 하루 동안 있었던 일들을 되짚다가 대화가 이어지지 않고 막막하게 느껴질 때가 있다면 이야기를 하나 들려주세요. 이야기에 당신의 마음을 담아 보세요. 진심을 담고, 애정을 담아 전해 보는 거예요. 그리고 어떤 일이 벌어질지 지켜보세요.

이 방법은 상대의 협조가 있을 때 더욱 효과적입니다. 마치 작은 이야기 모임처럼 서로 돌아가며 이야기를 나눌 수 있어요.

자신의 차례가 오면 마음을 다해 이야기해 보세요. 이야기 고리를 활용해 그날 있었던 일이나 서로 익숙한 무언가에서 이야기를 시작하고, 상상력이나 위트를 섞어 진행한 뒤 현실로 다시 돌아오며 이야기를 마무리해요. 그리고 변화가 느껴지는지 주의 깊게 살펴보세요. 상대의 이야기를 들을 차례가 오면 아이의 이야기를 이어 주듯이 온 마음으로 들어 주고요. 일주일에 단 한 번이라도 이야기를 나눠 본다면 두 사람의 관계가 조금씩 달라질 수도 있습니다. 그렇게 쌓인 친밀감은 일상 전반에 서서히 스며들 것입니다.

먼저 자신이 이야기를 시작하고 상대가 끝맺게 해 보는 것도 좋습니다. 여러 방식으로 실험해 보세요. 상대방이 이 제안을 웃어 넘길 것 같다면 굳이 이유를 설명하지 않고 그냥 바로 이야기 세계로 뛰어드는 것도 좋은 방법입니다. 이야기는 이야기가 왜 효과적인지 설명하는 것보다도 훨씬 강력하니까요.

초보자에게는 이런 제안들이 얼토당토않게 들릴지도 모릅니다. 아니, 실천할 수 없는 것으로 받아들여질 거예요. 하지만 아이에게 들려줄 법한 아주 단순한 이야기부터 시작한다면 누구나 얼마든지 이 책의 기술들을 실천해 볼 수 있습니다. 상처 입은 아이를 위로해 주는 이야기가 저절로 흘러나올 거예요. 아이가 자라면서 필요한 메시지를 재미있게 전달하는 이야기를 만들어

내는 일도 어렵지 않을 것입니다. 연인 사이에서 때때로 빚어지는 폭발 직전의 감정도 이야기로 풀어낼 수 있겠지요. 운이 좋다면 이야기가 '정보를 효율적으로 전달하고 친밀감을 쌓기 위해 인류가 진화시킨 도구'라는 사실을 온몸으로 느끼게 될 것입니다. 그러니 이 강력한 도구를 아이들뿐 아니라 친구, 가족, 이웃과의 관계를 돌보는 데 쓰지 않을 이유가 없겠지요.

연습 14 + 이야기 모임 열기

가족 모임이나 이웃과의 파티, 혹은 어떤 종류의 커뮤니티 모임이라도 좋습니다. 사람들을 이야기 모임에 초대해 보세요. 상대가 참여를 망설인다면 아이들만이라도 함께해 보세요. 아이들은 분위기를 띄우는 최고의 진행자 역할을 해 줄 겁니다. 단 한 가지 약속만 정하고 지키면 돼요. "누군가 이야기할 때는 모두 경청한다." 시작은 믿을 만한 두 사람에게 맡겨 보세요. 첫 번째 사람이 짧은 이야기를 들려준 뒤, 옆 사람에게 넘기는 식으로 이어 가도 좋고요. 혹은 다 함께 하나의 이야기를 이어 가는 형식도 가능합니다. 처음 두 사람이 가장 어려워할 수 있으니 신중하게 고르세요. 하지만 세 번째, 네 번째가 되면 대부분 이 시간이 얼마나 귀한지 자연스럽게 알게 됩니다. 이건 마음에서 우러난 이야기를 나눌 수 있는 소중한 기회입니다.

연습 15 + 적에게 이야기 들려주기

이 연습은 용기가 필요한 사람이 도전해 볼 만해요. 이 도전을 선뜻 받아들일 사람이 많지는 않겠지만, 한번 상상해 보세요. 어색하거나 불편한 관계에서 시도해 보면 어떤 변화가 생길지요. 당신의 삶에서 마음이 불편한 누군가를 떠올려 보세요. 직장 동료일 수도 있고, 아이 학교에서 만난 다른 양육자일 수도 있습니다. 어떤 누구든 괜찮아요.

이야기를 거창하게 만들 필요도 없습니다. 기회가 자연스럽게 찾아왔을 때, 상대에게 짧은 이야기를 들려주세요. 밝고 따뜻한 이야기면 좋겠지요. 둘 사이에 있었던 갈등과는 무관한 이야기여야 합니다. 상상 속 이야기일 필요도 없습니다. 그저 지금 이 순간 떠오르는 작은 경험이면 충분해요. 시간은 1~2분 정도가 딱 좋아요. 이야기를 나눈 뒤, 내 마음이 어떻게 바뀌었는지 조용히 느껴 보세요. 긴장감이 조금은 풀렸을까요? 관계에 변화가 느껴지나요?

이야기 만들기

크리스마스 이야기

조셉 새로시 지음

크리스마스이브였습니다. 해가 지고 나니 차들이 하나둘 진입로로 들어왔어요. 모닥불이 타오르고, 오솔길 따라 꼬마전구가 반짝였지요. 산은 그림자 속으로 숨어들고 공기는 꽤나 쌀쌀했지만, 따뜻한 사과주 덕분에 손도 입도 녹일 수 있었습니다. 실케는 야외 크리스마스트리에 빨간 초를 켜는 일을 마치고는 모두를 이야기 모임으로 이끌었습니다.

사람들 표정이 얼굴에 고스란히 떠올랐습니다. 몇몇은 눈을 반짝였고, 어떤 이들은 어깨를 으쓱했지요. 그러나 대부분 어색한 미소를 지었어요. 긴장된다는 뜻이겠지요. 한 아이는 환하게 웃었고, 다른 아이는 양육자 다리 뒤에 숨었어요. 그곳에 모인 사람들은 서로에 대해 잘 몰랐어요. 각자 실케와 인연을 쌓은 사람들이었으니까요. 청년들도 있었고, 악기를 들고 등장한 사람들도 있었어요. 물질이 아닌 의미 있는 크리스마스를 보내고 싶어 하는 양육자들과 노인들, 그리고 20년 전에 실케가 운영한 유치원에 다녔던 아이의 가족도 있었어요.

"이렇게 하면 돼요."

실케가 유치원에서 어린이들과 이야기할 때 내는 선생님 목소리로 장난기 가득한 웃음을 지으며 말했어요.

"한 사람이 이야기를 시작하고, 옆 사람에게 넘겨요. 이야기하고 싶은 만큼 한 다음, 옆 사람에게 다음 이야기를 넘기면 돼요. 이야기가 한 바퀴 돌고 나면 끝날 때가 딱 느껴질 거예요."

"그냥 선생님 이야기가 듣고 싶어요."

한 사람이 말하자 몇몇이 웃었어요.

"그럼 제가 먼저 할게요."

한 젊은 여성이 말했어요. 이런 자리가 익숙한 사람이었지요. 모두 그를 바라봤어요. 숨을 가다듬고 그가 이야기를 시작했습니다.

"옛날 옛날에 크리스마스 요정이 있었어요. 요정은 선물 배달을 도우러 가다가 길을 잃었지 뭐예요."

이야기를 끝낸 여성은 옆에 앉은 남자를 다정하게 바라봤어요. 야외 행사에는 어울리지 않는 얇은 재킷을 걸친 남자는 꽤 추워 보였어요. 그는 주머니에 손을 깊이 찔러 넣은 채 좌우를 둘러보다가 입을 뗐습니다.

"구멍이 있었어요. 거기로 빠졌지요."

여기저기서 웃음이 터졌지요 곧 그 남자의 아내가 생생한 표정으로 이야기를 이어 나갔습니다.

"그 구멍 속에서 요정은 어떻게 나갈까 고민했어요. 너무 어두워서 손으로 벽을 더듬었어요."

"요정이면 날 수 있는 거 아니에요?"

누군가 소리쳤고, 그 말에 몇몇이 킥킥 소리 내어 웃었습니다. 어떤 사람들은 질문자를 노려봤고, 또 어떤 사람은 괜시리 발끝으로 땅을 문질렀습니다. 그래도 대부분은 이야기꾼을 지지하며 시선을 고정했어요. 꽤 따뜻한 모임이었지요.

"갑자기 무언가를 찾았어요. 음…… 처음에는 그게 문인지 몰랐지만, 나뭇결이 느껴졌어요. 톡톡 두드려 보니 속이 빈 것 같앉고, 그래서 아래로 손을 뻗어 문을 열었어요."

조용히 다음 사람이 이야기를 이어받았습니다. 또 다른 유치원의 남자 선생님이었지요. 그 자리에 모인 사람들은 그가 지금껏 몇 천 시간은 이야기해 본 사람이란 걸 알 수 있었어요. 목소리며 말투, 문장을 하나씩 밝혀 가며 이야기를 빛나게 했거든요.

"문을 열자 큰 방이 나왔어요. 한쪽에는 알록달록한 선물 더미가 있었고, 다른 쪽에는 하얀 계단이 있었지요. 뒤를 돌아보니 문은 사라지고 없었어요. 벽에 작은 열쇠가 걸려 있었고, 요정은 손을 뻗었어요. 그런데 손이 다가갈 때마다 열쇠도 멀어졌어요. 결국 잡지 못하고 주저앉았지요. 근처에는 작은 탁자가 있었고, 그 위에는 손 글씨로 적힌 쪽지가 있었어요."

사람들은 점점 이야기에 빠져들었어요. 발끝으로 땅을 문지르던 남자도 완전히 푹 젖어 들었지요. 모두 선생님의 다음 말을 기다렸지만, 그는 오른쪽에 앉은 아이를 바라봤어요. 아이는 고개를 푹 숙였다가 살짝 웃으며 긴장한 얼굴로 고개를 들었어요.

"쪽지에는…… '위로 올라가!'라고 써 있었어요."

"음~."

한 할머니가 고개를 끄덕였고, 다른 사람이 아이에게 이렇게 말했습니다.

"잘했어요."

아이 옆에 있던 스무 살쯤 되어 보이는 여성이 이야기를 받았습니다. 그 여성은 아까부터 크리스마스 대신 '동짓날'이란 말을 쓰던 사람이었지요. 그는 아이를 바라보다가 사람들을 향해 이야기했어요.

"요정은 쪽지를 들고 계단으로 향했어요. 첫 번째 계단을 밟자 계단은 빨갛게 변했어요. 신기해서 멈췄다가 두 번째 계단을 밟았는데, 계단은 주황색이 됐어요. 그다음은 노랑, 초록, 은색, 파랑, 보라, 금색…… 마침내 계단은 무지갯빛으로 변했지요. 계단 옆에는 신기한 꽃들이 피어나 있었어요. 그 모습에 요정은 마법 같은 기운을 느끼며 계속 올라갔어요. 그러다 무지개 끝자락 너머로 온갖 빛깔과 모양이 퍼져 나가는 걸 보게 됐지요."

이야기는 옆 사람에게 넘어갔습니다. 키가 크고 배가 살짝 나온 남자였지요. 그때 누군가 외쳤습니다.

"촛불이 꺼진다!"

고개를 돌려 보니 크리스마스트리에 켜 놓았던 초 스무 개 중 세 개만 남아 있었습니다. 실케와 다른 여성이 촛불 몇 개를 다시 켰지만 곧 꺼지고 말았지요. 결국 우리는 촛불 켜기를 포기하고 다시 모였습니다. 이야기할 차례가 된 배 나온 남자는 잔뜩 긴장한 눈치였어요. 모든 시선이 그에게 쏠렸습니다.

"음……."

그가 입을 내밀며 생각하는 듯 말했습니다.

"꼭대기에 다다르자 크리스마스 요정은 무지개 위에 올라와 있었어요. 위를 올려다보니 어둠 속에 달과 별들이 가득했지요. 요정은 최대한 키를 뻗어 별 하나를 따냈어요."

사람들의 얼굴에는 미소가 번졌어요.

그다음 순서는 바로 나였어요. 나는 그때까지 나온 이야기가 지나치게 달콤해서 조금 못마땅했어요.

"무지개 아래를 내려다보니 온통 흑백이었어요. 요정은 슬펐어요. 이유도 없이요. 어쩌면 별 때문일지도 모르죠. 장담할 순 없었지만요. 별을 다시 놓으려 했지만 붙지 않았지요. 요정은 천천히 계단을 내려왔어요. '색은 어디로 간 걸까?' 생각하면서 말이지요. 아래에 다다랐을 때, 요정은 마음이 무거웠어요. 선물을 전할 마음도 안 들었고요. 게다가 아직도 구멍 속에 갇혀 있었으니까요. 요정은 당장에라도 그곳에서 나가야 했어요."

"요정은 별을 들고 열쇠 쪽으로 갔어요."

다음 순서인 여성이 말했어요.

"방을 가로질러 가는 동안, 선물들도 흑백으로 변해 있었지요. 다들 조금 우울했지만, 요정은 뭔가 해 보려고 했어요. 열쇠에 다다르자 열쇠가 벽에서 떨어져 별에 붙었어요. 마치 자석처럼요."

이제 실케 차례였어요.

"작은 아이, 아니, 작은 요정은 별 열쇠를 손에 쥐고 문이 있었던 곳에 갖다 댔어요. 갑자기 문이 보였고, 열쇠를 꽂으니 '딸깍' 하고 문이 열렸어요."

실케는 옆에 앞은 할머니를 바라봤습니다. 할머니는 조금 긴장한 듯 보였어요.

"난 그냥…… 잘 못할 것 같아서……."

그녀는 실케에게 애원하는 듯한 눈빛을 보냈어요.

"제가 해 볼게요!"

옆에 있던 젊은 남자가 손을 들었습니다.

"문이 열리자 선물들이 다시 색을 되찾았어요."

할머니는 고마운 듯 고개를 끄덕였어요.

"그래요, 그리고 요정은 그걸 작은 가방에 담았지요."

"벨벳 가방이었어요."

젊은 남자가 말했습니다.

"빨간 벨벳 가방이요."

할머니는 흐뭇한 얼굴로 덧붙였습니다.

"요정은 무거운 그 빨간 벨벳 가방을 들고 문 밖으로 나왔어요. 마음은 한결 가벼웠고, 기분도 훨씬 좋아졌지요. 뒤를 돌아보니 무지개 계단은 다시 빛나고 있었어요."

젊은 남자와 할머니는 웃으며 오른쪽에 앉은 아이를 바라봤어요.

"요정은 구멍 밖으로 나가서 선물을 다 배달했어요."

아이가 이야기를 받았습니다.

"그리고 집에 돌아왔을 때……."

아이 엄마가 이어 갔지요.

"요정은 주머니에서 별을 꺼냈어요. 그건 요정 자신에게 주는 작은 크리스마스 선물이었어요."

모두가 미소 지었습니다. 이야기는 자연스레 원래 자리로 돌아오며 끝이 났지요. 내용은 약간 진부했지만, 그게 뭐 중요하겠어요? 이야기가 그곳에 모인 사람들을 하나로 이어 주었으니 그걸로 된 거죠. 처음에는 모르는 사이였지만, 우리는 모두 마음속에 무언가를 품고 그 자리를 떠났습니다. 누군가는 모닥불로, 누군가는 사과주를 마시러, 누군가는 반쯤 밝혀진 길로 향했지요. 크리스마스트리에는 초 하나가 은은하게 빛나고 있었습니다.

이야기 모임의 목적은 이야기가 아니었어요. 모두가 함께 나눈 '친밀함'이었습니다.

PART 9

끝맺음의 기술

　　처음 이 책을 집어 들었을 때, 독자들은 '이야기'란 아이들에게 웃기고 재미있는 에피소드를 들려주는 거라고 생각했을 겁니다. 맞아요, 그 말도 맞지만, 우리는 여러분이 이야기를 훨씬 더 깊이 있고 풍부한 무언가로 느꼈기를 바라요. 이야기는 유년기부터 노년에 이르기까지, 정보를 전하고 친밀감을 나누는 가장 효과적인 방식입니다.

　　사실 우리는 이 진실을 어렴풋이 알고 있었습니다. 인간은 본능적으로 이야기에 이끌려요. 이야기를 좋아하는 건 인류의 시작부터 지금까지 변함이 없으니까요. 브라이언 보이드, 조너선 갓셜 등 많은 학자들이 말했듯이 인간은 이야기하는 존재로 진화해 왔어요. 이야기는 단순한 덧붙임이 아니라 사회적 관심을 끌고, 어려운 경험을 미리 겪어 보게 하며, 중요한 정보를 전하는 데 아주 유용한 도구입니다. 우리는 감각으로 세상을 느끼지만, 우리 뇌는 '이야기'라는 형식을 통해 정보를 가장 자연스럽게 받아들이도록 설계되어 있어요. 가족, 종교, 문화의 가치를 전하는 기본적인 방식도 이야기이고, 우리는 이야기를 통해 삶의 의미를 찾지요.

눈을 뜨는 순간부터 잠들기까지, 우리는 이야기 속에서 살아갑니다. 대부분의 말과 대화는 다 이야기 형식을 띠고 있어요. 잠들어 있을 때조차 뇌는 꿈이라는 형태로 이야기를 이어 가지요. 우리는 너무 많은 이야기에 둘러싸여 있어서 정작 그것이 이야기라는 걸 인식하지 못할 때도 있어요. 마치 나무만 보고 숲을 보지 못하는 나무꾼처럼요.

아이들은 지금까지 어떤 세대보다 더 많은 이야기 속에 살고 있습니다. 수많은 영상, 영화, 책 들로 가득하지요. 그중에는 좋은 것도 있고, 그렇지 않은 것도 있어요. 하지만 대부분의 이야기는 몰입감이 굉장합니다. 그래서 양육자들이 이야기에 부담감을 느끼게 되는 겁니다. 특히 미디어에 둘러싸여 자란 세대일수록 그 부담감은 더하지요. 훌륭한 이야기꾼이라고 생각하는 친구나 교사를 몇 명쯤 떠올릴 수는 있지만, HBO나 디즈니 같은 거대한 존재들 앞에서 한껏 위축되고는 합니다. 이야기를 그저

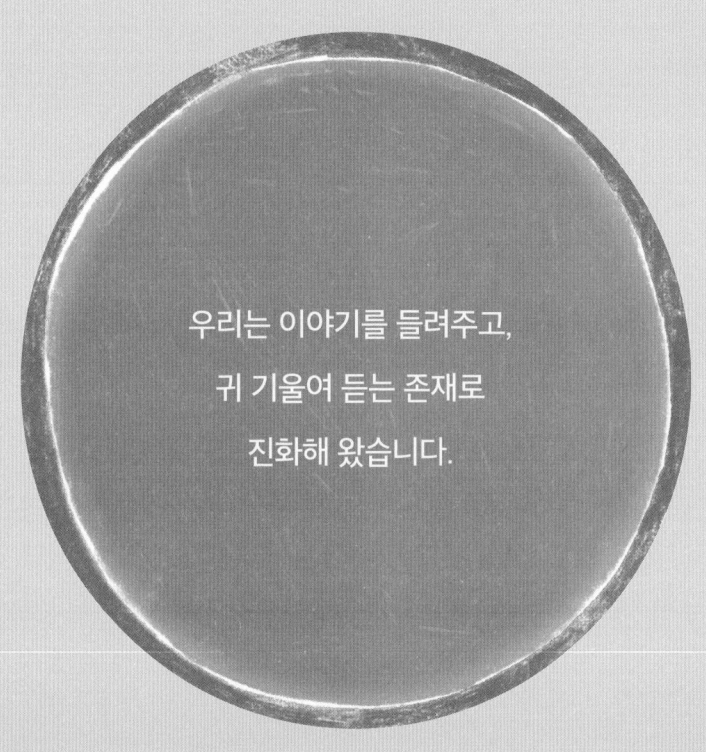

우리는 이야기를 들려주고,
귀 기울여 듣는 존재로
진화해 왔습니다.

- 미국 워너 브라더스 디스커버리 산하의 프리미엄 케이블 및 스트리밍 방송사로, 「왕좌의 게임」, 「더 소프라노스」, 「체르노빌」 등 고품질 드라마로 세계적 명성을 얻었다.

그런 줄거리 전달이라고 생각한다면 그렇게 생각할 수도 있어요. 솔직히 평범한 일반인으로서 「겨울 왕국」 같은 스펙터클 영화를 만들어 낼 자신은 없잖아요.

그러나 「겨울 왕국」이 아무리 휘황찬란한 이야기라고 하더라도 양육자가 들려주는 평범한 아기 곰 이야기보다 낫다고 할 수는 없어요. 이야기는 화자의 상상력이나 창의력에서 비롯된 것이 아닌 듣는 사람과 말하는 사람 사이의 관계를 대변하니까요. 양육자가 직접 들려주는 이야기 속에서 자란 아이는 다른 어떤 이야기와도 구별되는 따뜻한 감각을 알고 있어요. 그건 비교할 대상이 아니에요. 단지 다를 뿐이에요. 양육자와 아이는 그 다름을 분명히 느낄 거예요.

이 책의 목적은 인간에게 고유하게 주어진 이야기의 전통을 되찾도록 영감을 주는 것입니다. 그 전통은 우리 모두의 것이지요. 그렇게 이야기의 전통을 다시 손에 쥐게 되면, 아이는 가족만이 줄 수 있는 친밀함 속에서 탄생한 이야기를 즐기게 될 겁니다. 동시에 이야기하는 사람도 창의적 표현이 주는 기쁨을 되찾게 될 것이고요. 결국 중요한 건 '아이의 관심을 무엇에 두게 할 것인가'가 아니라 우리 삶의 진심과 기쁨, 그리고 깊이를 표현할 수 있는 출구를 함께 만들어 가는 겁니다. 이야기는 일방통행이 아니라 서로에게 향하는 길이에요.

이야기를 들려주기 전에 가장 먼저 해야 할 일은 나 자신이 되는 겁니다. 거기에서부터 출발해야 합니다. 나 자신에게 정직하지 않으면 아이와의 관계도 탄탄하게 쌓을 수 없어요. 거짓 위에 지은 집은 허울만 좋을 뿐이에요. 한순간에 무너지는 모래성과 다를 바가 없습니다.

그다음은 단순한 이야기로 시작하는 거예요. 아이가 아주 어릴 때 시작할수록 좋아요. 가능하다면 아이가 태어난 첫날부터 이야기를 들려주세요. 늦어도 세 살, 네 살 이전이면 좋아요. 일찍 시작하면 자연스러운 일상이 되고, 계속 반복하는 것만으로도 힘이 생겨요. 물론 가끔은 이야기가 엉망이 될 수도 있습니다. 알고 보면 전문가라는 사람들도 늘 그렇답니다! 하지만 꾸준한 루틴 속에서 생겨나는 친밀감은 이야기가 어설픈 날조차 빛나게 해 주지요.

이야기 고리를 잘 활용하면 이야기는 상상력을 담을 뿐 아니라 아이의 현실과도 연결됩니다. 그렇게 아이의 놀이와 기억 속에 이야기가 스며들지요. 장난감, 인형, 장소, 물건, 활동마다 여러분과 함께했던 이야기가 떠오르게 되고, 그것이 다시 아이의 놀이로 이어집니다.

이 책의 5장 '이야기의 기본 요소들'에서 소개했던 묘사 기법이나 작은 기술들을 활용하면 풍성하고 깊이 있는 이야기를 만들 수 있어요. 이야기를 자주 나누다 보면 어느 순간부터 아이가 이야기를 이끌어요. 그러면 여러분의 이야기들도 자연스레 성장하게 되지요.

    이것만으로도 헤아릴 수 없이 풍요로운 경험들이 생깁니다. 아이와 함께 나누는 의미 있는 순간들, 평생 간직하게 될 기억들이 쌓여 갑니다. 하지만 일단 이야기의 다리를 튼튼히 세우고 나면 거기에 더 깊은 의미와 풍요를 더할 수 있습니다. 이야기의 힘으로 누군가를 다독이고, 가르치고, 모든 관계 속에 친밀함을 불어넣을 수 있습니다. 삶의 끝자락에서도 마치 삶의 시작인 것처럼 우리는 다시금 단순한 이야기의 힘에 기대게 됩니다. 아직 이야기는 끝나지 않습니다.

연습 16 + 나의 이야기에 귀 기울이기

우리 모두는 '나는 어떤 사람인가'에 대한 내면의 이야기를 하나씩 품고 있습니다. 나는 아름다워, 나는 강해, 나는 똑똑해, 나는 운동을 잘해, 나는 둔해, 나는 나쁜 아이야, 나는 상처받았어……. 수많은 특징과 경험 들이 때로는 서로 충돌하는 이야기로 얽혀 우리의 정체성을 만들어 갑니다.

그동안 내 삶을 관통해 온 이야기는 어떤 것이었나요? 나는 나 자신에게 어떤 말을 자주 건네나요? 그 말들은 정말 진실한가요? 그 이야기들은 언제, 어떻게 생겨났을까요? 그리고 그 이야기들은 바뀔 수 있을까요? 아이의 마음에도 건강한 내면의 이야기가 자라날 수 있도록 나는 무엇을 해 줄 수 있을까요?

연습 17 + 아이의 이야기에 귀 기울이기

아이에게 이야기 하나 들려 달라고 청해 보세요. 그 이야기 속에 담긴 주제, 이미지, 감정에 주목해 보세요. 서둘러 판단하지 말고 그저 조용히 들어 주세요. 이 연습이 잘 되었다면, 매번 이야기 시간에 반복해 보는 것도 좋습니다.

아이의 이야기에서 반복적으로 나타나는 이미지나 주제가 무엇인지 살펴보세요. 아이의 마음을 사로잡는 것은 무엇인가요? 피하려는 것은 무엇인가요? 어떤 인물들이 자주 등장하나요? 이런 단서들은 아이의 마음속 풍경을 엿보는 귀중한 통로가 되고, 아이의 마음에 진심으로 가 닿는 이야기를 만드는 데 큰 도움이 될 수 있습니다.

이야기 만들기

나비들

조셉 새로시 지음

학기가 거의 끝나 가던 어느 날이었어요. 강물은 불어나 있고 땅은 온통 푸르렀습니다. 실케와 아이들, 그리고 나는 숲속에서 나뭇가지와 큰 가지들로 집을 짓고 있었어요. 그 주위로는 수백 마리의 나비들이 날아다니며 야생 딸기나무에 달린 하얀 꽃에서 꿀을 빨고 있었습니다. 점심시간이 되어 우리는 그늘에 앉았고, 실케와 나는 서로를 바라보며 서로 눈빛을 주고 받았습니다.

'조 선생님이 해요.'

'실케 선생님이 하시죠?'

나는 살짝 웃으며 고개를 저었습니다. 나비들이 있잖아요. 그

것만으로도 충분하다는 듯 말없이 미소 지었습니다. 아이들은 점심을 다 먹고 가방을 정리한 뒤, 편안한 자리를 찾아 몸을 웅크리고는 이야기 들을 자세를 잡았어요. 우리는 이미 수없이 이 순간을 함께해 왔고, 모두에게 너무나 익숙한 풍경이었습니다.

★ ★ ★

자, 이제 조용해졌으니까, 이야기를 하나 해 줄게. 벌레에 대한 이야기야. 좀 꿈틀꿈틀하고 꾸물꾸물거리는 벌레지. 이 벌레 이름은 거티야. 거티는 먹는 걸 정말 좋아했어. 풀도 좋아하고, 나뭇잎도 좋아했지. 그런데 얘는 가을에 태어났어. 그래서 먹을 수 있을 만큼 엄청 먹었는데, 곧 더 이상 먹을 게 없어졌지.

거티는 슬펐어. 뭘 해야 할지 몰라서 나무 구멍으로 기어 올라가서 꼭 껴안듯 몸을 웅크렸어. 창문 밖을 내다보니 초록빛이던 세상이 갈색이 되고 메말라 가더래. 그 모습을 보고 있자니 거티는 몹시 졸렸어. 한번은 눈을 떴는데, 온 세상이 하얗고 차가운 거야. 겨울이 오고 눈이 내렸어. 엄청 추웠지. 롤빵처럼 몸이 오그라들고 돌처럼 어깨가 굳어 버리는 추위였지. 진짜로! 거티는 뭘 해야 할지 몰라서 그냥 잤어. 그게 다야. 쿨쿨.

나는 눈을 감고 드르렁드르렁 코 고는 소리를 냈습니다. 몇몇 아이들이 웃었고, 어떤 아이들은 따라 했지요. 나도 웃고 싶게도 웃었어요. 숲속에서라면 나는 이런 이야기를 평생 할 수 있을 것 같은 느낌이었어요.

어느 날, 거티가 잠에서 깼어. 킁킁. 뭔가 달라. 구멍 밖을 내다 보니 해가 쨍쨍했어. 왜 그랬는지는 모르겠지만, 아무튼 거티는 갑자기 나무 구멍에서 밖으로 나가 보고 싶어졌대.
어머! 온 세상이 초록색이야. 덤불 가지들마다 연한 새순이 올라오고, 마른 줄기 사이로 푸른 풀들이 자라고 있었어. 그리고 소리가 컸어! 거티는 눈을 돌려 보았지. 눈이 다 녹아 강물이 엄청 불어났어. 쏴아쏴아 큰 소리를 내며 흐르고 있었어. 무엇보다 나무들. 세상에, 나무들이란! 거티는 그걸 한 번 보고 났더니 입에서 침이 줄줄 흘렀대. 커다란 래브라도 개처럼 혓바닥까지 늘어뜨리고 말이야. 거티는 나무를 타고 내려와서 가지 하나를 찾아냈어. 음! 맛있는 먹을거리가 진짜 많았지. 거티는 가지 위에 앉아서 한참을

오물오물 먹고 있었어.

그런데 갑자기 덤불 반대편 가지 하나가 살짝 흔들리는 게 보이는 거야!"

나는 고개를 옆으로 기울이며 가지 너머를 보는 시늉을 했어요. 아이들은 조용했지요. 다시 반대쪽으로 고개를 돌려 더 잘 보이려 애썼습니다.

눈을 크게 뜨고 봐도 아무것도 안 보여서 그냥 다시 먹기 시작했어. 그런데 그 가지가 계속 흔들리는 거야. 그래서 또 봤어. 거티는 용기를 내어 그쪽으로 가 보기로 했어. 꾸물꾸물 기어 갔지, 알잖아. 벌레는 발보다 배가 더 중요하잖아. 드디어 도착했어. 여전히 가지는 흔들리고 있었어.

나는 '흔들흔들'이라고 말할 때마다 몸을 살짝살짝 흔들었고, 아이들 몇 명이 그걸 따라 하더군요.

거기에는 그렉이 있었어. 그렉은 거티랑 똑같이 생긴 벌레야.

"넌 뭘 하니?"

거티가 그렉에게 물었어.

"나?"

그렉이 말했어. 입안은 나뭇잎이랑 즙으로 가득했지.

"응."

"나? 그냥 나뭇잎 좀 뜯어 먹고 있어. 알지? 느긋하게."

"응응, 무슨 말인지 알겠어."

거티가 말했어.

그래서 이제 둘은 단짝이 됐어. 거티랑 그렉. 그리고 숲은 점점 더 초록초록해졌어. 두 벌레에게는 천국이나 다름없었지.

여기서 잠깐 멈춰서 솔직히 말할게요. 지금까지 이야기에서 딱히 큰 사건은 없었어요. 사실 지루하기 짝이 없었지요. 그런데 아이들은 완전 하늘을 둥둥 떠다니는 것처럼 행복해했어요. 내가 이상한 목소리도 내고, 멈칫하며 이상한 행동도 했는데, 애들은 그걸 너무 좋아했어요. 나도 마찬가지였고요. 이야기 내용은 사실 중요하지 않았어요. 그냥 시원한 나무 그늘 아래 앉아서 믿을 수 있는 누군가가 들려주는 이야기를 듣는 것, 그걸로 충분했습니다. 게다가 아이들은 내 이야기를 알아요. 어디론가 가게 된다는 걸 알고 있었지요.

그러던 어느 날, 거티가 말했어.

"와, 그렉. 나 진짜 머리도 못 들겠어. 진짜 피곤해. 너무너무 피곤해. 내 몸은 완전 흐물흐물해졌어. 이 가지에 매달려야겠다."

"거티, 뭐 하는 거야?"

그렉이 소리쳤어.

거티는 자기 몸에 무슨 일이 일어나고 있는지도 모른 채 그냥 잠이 들었어. 그런데 자는 동안 몸 전체가 딱딱해지기 시작하는 거야. 딱딱해, 껍데기처럼. 그냥 가지에 매달려서 움직이지 않아. 껍데기 속에서 거티의 몸은 부드러워졌어. 완전…… 오트밀 죽같이 흐물흐물하고 따뜻해졌지. 무슨 일이 일어나는지 나도 모르겠고, 거티도 몰라. 이건 진짜 세상에서 본 적 없는 마법이야. 거티는 겉은 단단한데 속은 부드러운 이상한 존재가 돼 버렸어. 거티가 어디 있는지 나도 잘 모르겠어! 그런 상태가 한참 계속되었어. 그리고 자는 동안, 거티는 꿈을 꿨지.

나는 단단하고 진지한 표정을 짓고 잠시 이야기를 멈췄어요.
"무슨 꿈을 꿨는지 알아?"
내 물음에 몇몇 아이들이 고개를 저었어요. 나도 고개를 좌우로 천천히 흔들며 살짝 아련한 미소를 지었지요.

꿈속에서 거티는 숲속에 있었는데, 거기서 요정을 만났어. 요정들은 날아다니잖아. 멋지지? 그 요정이 내려오더니 이렇게 말했어.
"거티야, 네가 해야 할 큰 일이 있단다."
거티는 좀 긴장됐지만, 귀를 기울였어.
"거티야, 지구 어머니께서 부탁하신 게 있어. 네가 깨어나면 아이들을 지켜 주고, 안전하게 돌봐 줘야 해."
요정이 진지한 표정으로 말하고는 돌아서서 날아가 버렸어. 거티는 그걸 가만히 바라봤지.
드디어 거티가 깨어났어. 마치 몇 달, 아니 몇 년을 자고 있었던 것 같은 기분이었지만, 사실은 몇 주밖에 지나지 않았어. 거티를 깨운 그 '딱' 하는 소리는 다름 아닌 자기 몸에서 난 소리였지. 무슨 말인지 알겠지? 자기 몸에서 딱 소리가 난 거야.
거티는 너무 졸렸어. 그리고 좀 무서웠지. 그러다 하품을 하면서 쭈우우욱 팔을 늘어뜨렸어.

여기서 나는 팔을 쭉 뻗는 시늉을 했어요.

거티는 팔을 펴며 생각했지.
"잠깐만, 나 원래 팔이 없었는데? 근데 팔이 이상한데?"
거티는 자기 팔을 쭉 펼쳤어. 축축하게 젖어 있는 그건, 팔이 아니라 날개였어. 거티는 가지에 매달린 채로 천천히 깨어나고 있었지. 몸을 말리면서 정신을 가다듬었어. 몇 주나 자고 일어난 기분이 어땠을까?
거티가 다시 세상을 바라보는데, 와, 전보다 훨씬 더 초록초록한 거야. 풀은 완전히 푸르고 덤불은 그냥 초록이 아니라 꽃이 잔뜩 피어 있었어! 나무는 크고 무성해져 시원한 그늘을 만들어 내고 있었지. 강물은 여전히 조용하게 흐르고 있었어. 이제 거티는 완전히 깨어났고, 모든 걸 기억했어. 돌아온 거야. 덤불을 바라봤고, 자기 자신을 느꼈어. 예쁘고, 강하다는 걸.
거티가 가지에 가만히 앉아 있는데, 저쪽 반대편 가지가 살짝 흔들거리는 거야. 고개를 돌려봤어. 또 다른 쪽도 봤는데, 뭔지 잘 모르겠는 거야. 킁킁, 냄새는 좋았어. 다시 봤는데, 가지는 여전히 흔들거렸지. 그래서 거티는 그쪽으로 가 보기로 했어. 근데 움직이려는 순간, 슝! 하고 몸 전체가 공중으로 떠올랐어. 그리고 날개를 살짝 당겼더니 자신이 날고 있는 거야.

거티는 자신이 살면서 해 본 일 중에 제일 멋진 일을 경험하고 있었지. 바람 위에서 둥둥 떠다니고, 빙글빙글 돌고. 바람이 거티를 움직이는 것 같기도 하고, 거티가 바람을 움직이는 것 같기도 했어. 진짜 신기했지! 가지가 보이길래 팔을 살짝 당기니까 슈웅 하고 내려앉았어. 온통 꽃이 가득했어. 하얀 꽃들이 주렁주렁 매달려 있었고, 냄새도 끝내줬지. 거티는 어느 순간 웃음을 터뜨렸어. 그곳에 그렉이 있었거든! 그렉이 가지에 매달려 있었고, 뭔가에서 기어 나오고 있었지.

"그렉! 너 어디 갔었어?"

거티가 물었어.

"나?"

그렉이 두 눈을 동그랗게 뜨고 말했어.

"기다려 봐, 잠깐만."

그렉은 날개 하나를 펴서 살펴보다 다시 접었어.

"거티, 나 진짜 놀라운 꿈을 꿨어. 자고 있었는데, 요정이 나타나서 말했어. 내가 뭘 해야 한대."

그렉과 거티는 서로의 얼굴을 바라봤어.

"진짜? 나도 똑같은 꿈을 꿨어. 혹시 그 요정이……?"

거티가 말했어.

"아이들. 내가 아이들을 지켜야 한대!"

"그리고 안전하게 돌봐 줘야 한다고? 그렉, 나도 똑같은 꿈을 꿨어."

거티가 말했어.

아이들 얼굴에 놀란 표정이 하나둘 번져 나가는 것이 보였습니다. 이제 우리 모두가 그 이야기에 함께 들어와 있었지요. 나와 실케, 아이들, 거티와 그렉, 그리고 숲까지도요.

무슨 일이 일어난지 알겠지? 이제 거티랑 그렉은 나비가 된 거야. 숲속을 마음껏 날아다니지. 야생 딸기 덤불이 여기저기 무성하고, 세상 전체가 풀과 꽃과 꿀로 가득 차 있었어. 진짜 멋지고, 진짜 맛있는 세상이었지. 거티와 그렉뿐이 아니었어. 수백 마리, 수천 마리의 작은 나비들이 여기저기 날아다니는 거지. 그리고 아이들이 숲속을 지나가고, 나비들이 그 주위를 날면서 아이들을 지켜보고 있었어. 알겠지? 아이들을 지켜보고, 안전하게 돌보는 거야.

　나비들과 아이들이 함께하는 시간이었습니다. 참 좋은 순간이었어요. 나는 잠시 말을 멈췄습니다. 아이들은 나를 올려다보았고 이야기가 끝났다는 걸 알아차렸지요.
　이 이야기의 힘을 의심하는 일은 어쩌면 쉬운 일일지도 모릅니다. 누군가에게는 너무 달콤하고, 또 누군가에게는 아귀가 맞지 않다고 느껴질 수도 있어요. 저도 꼭 이렇게 이야기하라는 건 아니고요. 이것은 그저 나만의 방식이고, 나라는 사람을 보여 주는 것일 뿐이죠. 나는 바보처럼 굴면서 아이들이 제 말을 의심할 수 있도록 허락해 주는 걸 좋아합니다. 그렇게 하면 아이들이 웃게 되고 내 말을 스스로 판단해 볼 수 있는 자유를 얻게 되니까요. 그 이야기에 어떤 진실이 담겨 있는지를 각자가 결정하도록 말이지요. 그런 마음으로 이야기를 받아들이면 좋겠습니다. 우리가 앞서 소개한 방법은 이야기를 나누기 위한 구조를 제공하는 거예요. 그 안에는 이 세상에 존재하는 사람들만큼이나 다양한 이야기 방식이 들어설 수 있습니다.

쉬는 시간이 끝나고 나비들이 날아다니는 들판으로 아이들이 나왔을 때, 아이들의 눈빛이 반짝였습니다. 나비들은 여전히 그 자리에 있었고, 딸기 덤불도 그대로였습니다. 내 엉뚱한 이야기를 의심할 만한 이유도 분명히 있었지요. 하지만 그 이야기의 진실 여부는 꼭 중요한 게 아니었어요. 그저 잠깐이라도 '혹시 진짜 나비들이 우리를 지켜보고 있는 건 아닐까?' 하고 상상할 수 있었다면, 그걸로 충분했습니다. 아까는 그냥 지나쳤던 진짜 나비들을 한 아이가 새삼 눈여겨보게 된 것만으로도 이야기를 한 보람이 생기고요. 하지만 정말로 확실한 것이 있었습니다. 그것은 아이들 사이에서 분명하게 느껴졌던 공동체의 감정, 서로의 얼굴에 떠오른 기쁨, 그리고 선생님들이 함께 숲을 빠져나오며 품었던 따뜻한 마음이었습니다. 그건 단순한 상상이 아니었어요.

작가의 말

우리는 이 책을 통해 양육자와 교육자 들이 아이들과 더 깊은 친밀감을 쌓을 수 있도록 이야기의 힘을 나누고자 했습니다. 이 책이 여러분께 영감을 줄 수 있기를 바랍니다. 아직 이야기 들려주기를 시작하지 않았다면, 지금 바로 용기를 내어 첫 발을 내디뎌 보길 권합니다. 이야기 실력을 키우는 가장 좋은 방법은 꾸준한 연습입니다. 각 장의 끝에 실린 연습 과제들은 좋은 출발점이 될 수 있지만, 그보다 더 중요한 건 여러분의 마음을 따라가는 일일지도 모릅니다. 이야기하기란 누구에게나 깊은 내면에 이미 자리하고 있는 능력입니다. 올바른 길을 걷고 있을 때, 스스로 알게 되실 거예요.

물론 이 책에 담긴 것만으로 이야기의 모든 것을 다 전할 수는 없습니다. 우리가 목표로 삼은 것은 바쁜 양육자과 교육자 들을 위한 짧고도 간결한 책, 기억하기 쉬운 방법과 단계를 담은 책이었습니다. 우리가 그 목표를 잘 이뤘는지 궁금합니다. 부디 여러분의 이야기를 들려주세요.

www.howtotellstoriestochildren.com

facebook.com/howtotellstoriestochildren

우리는 여러분의 여정을 응원합니다.

실케 & 조

감사의 말

이 책은 많은 이야기꾼들의 손길로 완성된 작업입니다. 지금까지 우리의 이야기 시간에 함께해 준 모든 아이들에게 고맙습니다. 요정들, 아이들, 그리고 우리가 만났던 모든 선생님들과 양육자들께도 감사의 마음을 전합니다. 특히 다음 분들께 큰 빚을 졌습니다.

앨리슨 P. 브라운, 에이미 W. 호프, 안드레아 B., 안젤라 프레티, 안젤리카 하이카우스, 아예샤 캔디 크루즈, 베스 갤러틴, 브랜든 허블리와 졸리, 디드리, 낸시, 칼린, 매튜, 캐럴라인, 진, 브록 앤더슨, 체이스, 레이철, 알도 스턴스, 데이먼 맥클린, 댄 브로드닉, 다나 클레퍼-스미스, 다니엘 로드위그, 다니엘 아브둘, 다니엘 프리먼, 데빈 파월, 다이애나 리코, 다이앤 싱거맨, 에드 닐과 수 루이스, 에밀리 케다르, 엠마 아발로스와 세스 블로어스, 에린 킬컬렌, 프랜시스 스컬리, 프레이야 마르코프스키, 질베르

르노, 글렌 칼버그, 그레이스 아이버슨, 잉카 마르코프스키, 이리나 셀스, 자이와 잰 크로스, 재러드 크라우스, 젠 폴리, 제니 코스테키-쇼와 패트릭 쇼, 제시카와 매트 존스, 조 플러머, 조셉과 미셸레나 맥퍼슨, 카라 안드레센, 카렌 모라벡, 케이티 맥케이, 켄드라 애들러, 래리 와이즈너, 린지 E. 낸스, 로레타 닐, 루와 제인 브로드닉, 말린다, 마시 앤드루, 마거릿 브루스터, 마리 타라, 마리 굿윈, 마크 딕슨, 매튜 라이언, 미셸 보차, 미셸 윌리엄스, 마이크 펌프리, 미라바이 스타와 강가 다스 리틀, 낸시 맥대니얼, 파올라 마루시치, 폴 루디, 폴 와프너, 피터 브로드닉, 필립과 패트리샤 커밍스, 레이철 펜, 레이 홀더, 르네이 앤더슨, 르네 앙젤 메이슨, 로버타 샤플스, 론 보이드, 샐리 A. 보이드, 사만다 브로디, 사티데브, 세나 라순-마헨드라, 세븐업, 스튜어트 스타인, 트레이시 케이츠, 즈와넷 해밍 등 많은 사람들에게 감사를 전합니다.

그리고 이 길을 함께 걸어가며 많은 도움을 준 제니 코스테크쇼에게 고맙습니다. 이 책이 의미 있는 모습으로 다듬어질 수 있도록 도와주신 브리지 와그너 매지에게 감사드리며, 훌륭한 조언을 아끼지 않으신 제인 프리드만에게도 진심으로 감사드립니다. 마지막으로 이 책을 아름다운 보물로 탄생시켜 주신 사라 펠츠 님과 HMH의 모든 분들께도 감사드립니다.

참고 문헌

- David Sloan Wilson, 『Darwin's Cathedral』, University of Chicago Press, 2002
- 노자, 『도덕경』, 스티븐 미첼 옮김, HaperCollins, 2006
- 노먼 노이지, 『기적을 부르는 뇌』, 김미선 옮김, 지호, 2008
- 브라이언 보이드, 『이야기의 기원』, 남경태 옮김, 휴머니스트 2013
- Jonathan Gottschall, The Storytelling Animal: How Stories Make Us Human, Mariner Books, 2013
- Pam Allyn, "10 Ways to Raise a Happy Child", Psychology Today, 2013
- Romeo Vitelli, "When Does Lying Begin?", Psychology Today, 2013
- Jennifer Aaker, "Lean In: Harnessing the Power of Stories", Psychology Today, 2014
- Cody C. Delistraty, "The Psychological Comforts of Storytelling", The Atlantic, 2014
- Berit Brogaard, "Parental Attachment Problems", Psychology Today, 2016
- Ed Yong, "The Desirability of Storytellers", The Atlantic, 2017
- Ben Healy, "Gossiping Is Good", The Atlantic, 2018
- Elena Renken, "How Stories Connect and Persuade Us", www.npr.org, 2020

아이에게 이야기를 들려주는 법
내 아이의 감수성과 문해력을
단 한 번에 잡을 수 있는 이야기 만들기

초판 1쇄 펴낸날 2025년 12월 1일

지은이 실케 로즈 웨스트·조셉 새로시
옮긴이 문주선
펴낸이 이명재

마케팅 이명재
편집&디자인 다다몽 스튜디오
펴낸곳 바둑이 하우스
출판등록 제406-2510020130000037호
주소 10881 경기도 파주시 산남로 132번길 31, 1동 1호
대표전화 031-947-9196
팩스 031-948-9196
전자우편 audwo8006@naver.com
ISBN 979-11-90557-56-6 03370
정가 18,000원

Thanks to 이수지

- 이 책의 내용과 그림을 무단 복제하여 사용할 수 없습니다.
- 잘못된 책은 구입하신 서점에서 바꿔 드립니다.